DE PRINCIPIO A FIN

Mark Dance

DE PRINCIPIO A FIN

La guía del pastor para liderar una vida y un ministerio resilientes

PRÓLOGO POR EL DR. HANCE DILBECK

De principio a fin: La guía del pastor para liderar una vida y un ministerio resilientes

B&H Publishing Group
Brentwood TN, 37027

Diseño de portada e ilustración: Darren Welch Design
Imagen corredor: GrapeImages/istock

Clasificación decimal Dewey: 253
Clasifíquese: TEOLOGÍA PASTORAL \ CLERO \ PSICOLOGÍA PASTORAL

ISBN: 979-8-3845-0743-7

Impreso en EE. UU.
1 2 3 4 5 • 28 27 26 25

A mis padres Ken y Bobbie Dance por enseñarme
a amar a Jesús y a Su Novia, así como a la mía.
Este libro es una extensión de su legado.

Todos los derechos de autor y los beneficios de este libro se destinan al apoyo de *Mission: Dignity*, un ministerio de *Guide Stone* que permite a los ministros jubilados y a sus cónyuges vivir sus días con dignidad y seguridad. *Mission: Dignity* ayuda a más de 2500 personas cada año con el dinero extra necesario para vivienda, comida y medicamentos vitales.

«Esto les recuerda que su familia bautista del sur no ha olvidado su servicio al Señor y a Su pueblo», dijo el presidente de *Guide Stone*, Hance Dilbeck.

Para donar, solicitar ayuda o recomendar a alguien que la necesite, visite MissionDignity.org o llame al 877-888-9409. El cien por ciento de todas las donaciones a *Mission: Dignity* se destinan a ministros jubilados o viudas.

AGRADECIMIENTOS

Quiero dar las gracias a mi esposa, Janet, por animarme durante el largo viaje de escribir y publicar este libro. Ella no solo me ha animado mientras pastoreaba a nuestra familia, nuestras iglesias y nuestros pastores, sino que Janet también ha ministrado a mi lado en más de cien eventos matrimoniales para parejas del ministerio.

Al principio de este proyecto, recluté la ayuda del Dr. Philip Nation. Es un pastor consumado, escritor y amigo cercano que comparte mi ambicioso objetivo de ayudar a los líderes ministeriales a empezar y terminar bien. El corazón alentador y la mente académica de Philip hicieron que este libro fuera mucho mejor de lo que hubiera sido sin su ayuda.

Por último, quiero dar las gracias a los doctores Hance Dilbeck y David Ferguson. Gracias por confiarme sus ministerios de legado en *Guide Stone* y *Care4Pastors*.

CONTENIDO

PRÓLOGO

El biatlón me fascina. Cada cuatro años, cuando se celebran los Juegos Olímpicos de invierno, me encanta ver competir a esos increíbles atletas. Los hombres esquían 20 km (más de 12 millas) y las mujeres 15 km (más de 9 millas), cada uno con un rifle de 2,5 kilos. Se detienen veinte veces para disparar a una diana de 5 cm situada a medio campo de fútbol. Me fascina la combinación de habilidad, precisión y resistencia. No basta con dar en el blanco, ni con ganar la carrera. Deben dar en el blanco *y* terminar la carrera.

El biatlón es una metáfora adecuada para la vida de un ministro cristiano. Vivimos bajo la exigencia diaria de dar en el blanco. Vivimos bajo la presión de ser correctos y hacer lo correcto en cada circunstancia y ocasión, en temporada y fuera de temporada. De hecho, los círculos concéntricos de una diana nos recuerdan las exigencias siempre presentes: estar bien con Dios, estar bien con uno mismo, con la familia, con la iglesia, con los vecinos.

Debemos alcanzar los objetivos de salud espiritual, física y mental; por no hablar de los objetivos financieros, emocionales, relacionales y vocacionales.

Al igual que el atleta, el pastor tiene que dar en el blanco a largo plazo. Puede que demos en el blanco durante la mayor parte de la carrera, pero si estamos demasiado agotados para terminar, no es más que una práctica de tiro. DNF (*Did Not Finish* – No Ha Terminado) es el temor de todos los que comienzan la competencia. ¡Peor aún sería la descalificación!

Debemos centrarnos en el objetivo a largo plazo.

El equilibrio del biatlón se pone de manifiesto en la admonición de Pablo a Timoteo. «Ten cuidado de ti mismo y de la enseñanza. Persevera en estas cosas, porque haciéndolo asegurarás la salvación tanto para ti mismo como para los que te escuchan» (1 Tim. 4:16, NBLA). Debemos estar en el blanco y perseverar hasta el final. Se trata, en efecto, de un alto llamado.

Cuando el Señor me abrió la puerta para servir en *Guide Stone Financial Resources*, lo entendí como una oportunidad para ayudar a pastores, misioneros y ministros a Terminar Bien. Mejoramos la seguridad financiera y la resiliencia de aquellos que sirven al Señor para que cada siervo de Cristo pueda terminar bien. El bienestar financiero es una parte del todo. Para servir bien debemos estar bien. El bienestar es espiritual, físico, emocional, relacional, financiero y vocacional. Los elementos están entretejidos como una tela. Un defecto en una parte dañará el todo.

Le pedí a Mark Dance que viniera a ayudarme porque le apasiona ayudar a los ministros a estar bien y a servir bien. El bienestar pastoral es el trabajo de su vida. Está especialmente preparado para escribir este libro.

De principio a fin: me encanta este título. Habla de la intención. Uno no termina bien por accidente. No tropezamos con la línea de meta; caminamos hacia ella. En el ministerio del Reino debemos construir límites, establecer prioridades, mantener patrones, establecer ritmos que nos permitan «perseverar en estas cosas». Para terminar bien, debemos empezar bien, servir bien y permanecer bien.

Este es un libro sobre la intencionalidad y la autenticidad.

Mark Dance ha llegado a la acertada conclusión de que un ministro puede fingir durante una temporada, pero al final se le notará el corazón. «Cuida tu corazón más que otra cosa, porque él es la fuente de la vida» (Prov. 4:23, RVC). El Gran Mandamiento es el fundamento de nuestros ministerios, así como de nuestras vidas. Puede que no sea fácil, pero es sencillo, maravillosamente sencillo. Ama al Señor con todo tu corazón, alma, mente y fuerzas. Uno no puede esperar construir un ministerio sólido si no vive una vida sana. Con el tiempo, su corazón se muestra. Creo que no es solo una advertencia sino una promesa.

Si has tomado este libro, querrás acabar bien. Tengo una buena palabra para ti.

«Que el Dios de paz, que resucitó de los muertos a nuestro Señor Jesucristo, el gran pastor de las ovejas, por la sangre del pacto eterno, los capacite para toda buena obra, para que hagan su voluntad, y haga en ustedes lo que a él le agrada, por medio de Jesucristo. A él sea la gloria por los siglos de los siglos. Amén». (Heb. 13:20-21, RVC).

Dr. Hance Dilbeck
Presidente/CEO, *Guide Stone Financial Resources*

INTRODUCCIÓN

Nunca olvidaré el día en que mi amigo Craig Miller y yo condujimos durante todo el día por el caluroso desierto jordano a 153 km/h (95 millas por hora) para entregar dinero y ánimos a los misioneros de la CBS en Bagdad. Estos heroicos misioneros estaban trabajando junto a los igualmente heroicos militares estadounidenses para sustituir las bombas de agua inmediatamente después de la guerra de Irak.

Pero la guerra no había terminado. Ni de lejos.

Craig y yo solo oímos la parte del discurso del presidente George W. Bush que queríamos oír un par de semanas antes. «En la batalla de Irak, la fase principal del combate ha terminado. Estados Unidos y nuestros aliados han prevalecido», dijo Bush de pie en la enorme cubierta de vuelo del USS *Abraham Lincoln*. Aterrizó en ese acorazado en un jet S-3 Viking, vistiendo un traje de vuelo. Eso fue el 2 de mayo de 2003. Creo que nuestro país necesitaba la arrogancia tejana del presidente Bush en aquel momento de la historia de nuestra nación.

Si hubiéramos escuchado con atención el resto de su discurso, Craig y yo habríamos oído a Bush decir que aún quedaba «trabajo difícil por hacer. Algunas partes de ese país siguen siendo peligrosas... todavía hay dirigentes iraquíes que deben ser llevados ante la justicia, como Saddam Hussein. La organización terrorista Al Qaeda está herida, no destruida».[1]

Una vez que llegamos, se hizo evidente que Bagdad seguía siendo una zona de guerra muy activa. Craig y yo vimos tiroteos casi todos los días; el más activo fue el de nuestro último día en el edificio de las Naciones Unidas, que fue destruido poco después por un terrorista suicida. En otro atentado de tráfico, tres de los valientes misioneros de la IMB con los que trabajábamos murieron unos meses después.

Pastores, misioneros y otros líderes ministeriales viven y luchan a diario en una zona de guerra activa que es tan real como lo que experimentamos en Bagdad.

En cierto modo, los pastores se enfrentan a enemigos aún más insidiosos porque su batalla, en su mayor parte, es invisible. El mundo, Satanás y nuestra propia carne conspiran contra nosotros cada día, haciendo cada vez más difícil la victoria.

Aunque nuestra victoria final ya ha sido ganada a través de la obra terminada de Jesús en la cruz, nuestro enemigo herido está apuntando astutamente a los oficiales comisionados de la Iglesia. Jesús nos advirtió de los planes de nuestros enemigos:

> «Esta noche todos ustedes se apartarán por causa de Mí, pues escrito está: "Heriré al pastor, y las ovejas del rebaño se dispersarán"»(Mateo 26:31, NBLA).

A veces, nuestro peor enemigo es la persona en el espejo. Ningún ministro en sus cabales se ha levantado alguna vez pensando: *¿Cómo puedo arruinar mi ministerio hoy?* Sin embargo, la reciente epidemia de salidas desastrosas va desde lentos agotamientos hasta épicos fracasos morales.

Lamentablemente, en las tres iglesias que he pastoreado en las últimas tres décadas, todavía no he sido testigo de que un predecesor o sucesor inmediato terminara bien. Todos fueron cesados, la mayoría por fracasos morales. Incluso los dos pastorados interinos que he dirigido fueron seguidos de ceses. Es triste para mí escribir este hecho, y estoy seguro de que es duro para ti leerlo.

¡Dios tiene un plan mucho mejor para nuestras vidas y ministerios! Nos ha llamado a empezar bien y a terminar bien: «Estoy convencido precisamente de esto: que el que comenzó en ustedes la buena obra, la perfeccionará hasta el día de Cristo Jesús» (Fil. 1:6, NBLA).

El apóstol Pablo era un gran finalizador. En su última vuelta ministerial, compartió su resolución con su equipo ministerial de Éfeso: «Lo único que me importa es terminar con gozo mi carrera y la tarea que me señaló el Señor Jesús» (Hech. 20:24, NBV). Su carta de seguimiento desde el corredor de la muerte a Timoteo fue una declaración de legado: «He peleado la buena batalla, he terminado la carrera, he guardado la fe» (2 Tim. 4:7).

Nuestro legado dependerá más de cómo terminemos nuestra carrera que de cómo la hayamos empezado, aunque ambas cosas son importantes y están relacionadas. **El propósito principal de este libro es ayudar a los pastores y líderes ministeriales a comenzar y terminar bien.** Tu guerra aún no ha terminado, y tu carrera aún no ha concluido, así que gracias por permitirme ayudarte a seguir adelante hasta la línea de meta. El hecho de que estés leyendo este libro es una prueba de que te niegas a quedarte a la deriva.

No me malinterpretes, la mayoría de los pastores no se rinden. ¡Nuestra tribu es dura! Puedes ignorar las espantosas estadísticas que todos hemos oído durante años, como esta: *1700 pastores abandonan el ministerio cada mes.*[2] Ese molesto mito se originó en una encuesta de un seminario que se hizo cuando Roger Staubach todavía lanzaba espirales para los Dallas Cowboys en los años setenta.

En septiembre de 2015, una innovadora encuesta de *Lifeway Research* sobre pastores evangélicos descubrió que solo el 1,3% abandona el púlpito cada año (250, no 1700). Muchas de esas salidas fueron transiciones saludables a otros ministerios o a la jubilación.[3]

Algunos expertos predijeron que los pastores abandonarían el ministerio durante la pandemia en 2020-21, pero el estudio de seguimiento de Lifeway en 2022 encontró que la tasa de deserción apenas había cambiado (1,5%). Aunque el 63 % dijo sentirse abrumado por la pandemia, no había indicios de que estuvieran abandonando a su gente.[4]

La mayoría de los que empezamos en el ministerio terminaremos en el ministerio, pero ¿es esa varilla lo suficientemente alta? ¿Qué pasaría si estableciéramos la trayectoria de nuestras vidas, familias y ministerios para terminar a toda velocidad en lugar de simplemente cruzar cojeando la línea de meta? Cuando ganamos, otros en nuestra familia y ministerio ganan. Cuando perdemos, los daños colaterales suelen ser mayores de lo que jamás veremos en nuestras vidas.

> Ten cuidado de ti mismo y de la enseñanza. Persevera en estas cosas, porque haciéndolo asegurarás la salvación tanto para ti mismo como para los que te escuchan (1 Tim. 4:16, NBLA).

Escribí este libro desde la perspectiva de un pastor para otros pastores, aunque me doy cuenta de que muchos hombres y mujeres que lo lean nunca usarán ese título. Algunos de ustedes están llevando a cabo su elevado llamado como ancianos, misioneros, diáconos, maestros o cónyuges de ministros, lo cual no es menos sagrado o importante. Este libro también es para ustedes. Quieres terminar tu ministerio más fuerte de lo que lo empezaste y para lograrlo debes ser un líder resiliente, un líder del Gran Mandamiento.

Algunos de ustedes son futuros líderes ministeriales que utilizarán este libro como herramienta de discipulado. En el momento de escribir esto, un borrador del mismo se está utilizando como manual de tutoría en más de 100 grupos de *Ministry Pipeline* en todo Oklahoma para hombres y mujeres jóvenes que han dicho «sí» al llamado de Dios al ministerio. Cada hacedor de discípulos necesita ser discipulado, lo cual no sucede en soledad. Por lo tanto, considera leerlo junto con al menos otra persona que haya asumido o vaya a asumir un rol de liderazgo ministerial.

Gracias por hacer este viaje conmigo.

¡Adelante!
Mark Dance, DMin.
Dallas, Texas

CAPÍTULO 1

LO PRINCIPAL

Quizás el axioma eclesiástico más común de los años ochenta era: «Tenemos que mantener lo principal como lo principal». Al principio me gustaba, pero parece que a todo el mundo también, así que se utilizó demasiado y ahora resulta cursi. Hace cuatro días volví a oírlo en un acto en el que participaba como ponente. ¡Haz que pare![1]

A lo largo de los años he observado que «lo principal» no siempre es lo mismo para cada orador. Esto me creó un dilema como joven pastor, porque algunos declaraban audazmente que el evangelismo era lo principal, mientras que otros insistían en que era la predicación, el discipulado, el compañerismo, el culto o algún proyecto ministerial.

El misterio se resolvió para mí hace aproximadamente una década, cuando me topé con un pasaje muy familiar en las Escrituras. Quizás recuerdes cuando un escriba bienintencionado preguntó sin rodeos a Jesús qué era lo principal. La respuesta de Jesús fue a la vez refrescantemente sencilla y eternamente profunda.

> Cuando uno de los escribas se acercó, los oyó discutir, y reconociendo que Jesús les había contestado bien, le preguntó: «¿Cuál mandamiento es el más importante de todos?». Jesús respondió: «El más importante es: "Escucha, Israel; el Señor nuestro Dios, el Señor uno es; y amarás al Señor tu Dios con todo tu corazón, y con toda tu alma, y con toda tu mente, y con toda tu fuerza". El segundo es este: "Amarás a tu prójimo como a ti mismo"»(Mar. 12:28-31, NBLA).

Este escriba ya conocía la respuesta a su propia pregunta. Supongo que la mayoría de ustedes también reconocen la importancia del *Shemá* (Deut. 6:4-9). Hace 3500 años, Moisés ordenó a los judíos fieles que lo escribieran en sus puertas y postes, y que lo citaran al principio y al final de cada día. Todavía hoy, algunos judíos ortodoxos se atan a la frente una cajita de madera que contiene una copia escrita del *Shemá* (Gran Mandamiento) para no olvidar su preeminencia.

Jesús dijo que el *Shemá* es el texto más importante de la Biblia (Mar. 12:29), lo que significa que no hay debate ni confusión sobre qué es realmente «lo principal» para ningún creyente, y mucho menos para ningún pastor, misionero o líder eclesiástico.

Estos dos mandamientos «más importantes» de la Biblia son el tema principal de este libro porque Jesús enseñó que toda la Biblia depende de los Grandes Mandamientos (Mat. 22:40), al igual que nuestras vidas y ministerios.

En este libro desenvolveremos las implicaciones de una vida basada en los Grandes Mandamientos, que está intrínsecamente conectada con un ministerio basado en la Gran Comisión.

Para los pastores y líderes ministeriales, esto no es ningún secreto. No hay secretos ni atajos para la salud pastoral y la resiliencia. Todos hemos sido testigos de ejemplos estelares de quienes han empezado y terminado bien, y todos tenemos amigos que se han descalificado a sí mismos del ministerio.

Este libro es un resumen de mi objetivo ministerial de ayudarle a empezar bien, servir bien y terminar bien. Un buen final no ocurrirá mañana a menos que estés dispuesto a asumir tus decisiones de hoy. En este libro compartiré algunas de mis malas decisiones, todas las cuales tuve que asumir antes de corregirlas.

Los líderes del Gran Mandamiento han aprendido a dirigirse primero a sí mismos (1 Tim. 4:16) y, en consecuencia, dirigen (*gestionan*) bien a sus familias y ministerios.

Por favor, no pases por alto los Grandes Mandamientos porque te resulten familiares. Permíteme mostrarte cómo tu vida y ministerio pueden ser fortalecidos, o incluso salvados, por estos dos preceptos simples y radiantes de la vieja escuela. Este libro está dividido en dos secciones basadas en cada Gran Mandamiento.

AMAR A DIOS

Empezaremos centrándonos en el primer mandamiento de Jesús de amar a Dios porque Él es nuestro «primer» amor (también conocido como «lo principal»). Nuestro Señor deja muy claro que no hay cosa más importante que podamos hacer en nuestro día o en toda nuestra vida que amarlo con todo nuestro corazón, alma, mente y fuerzas. Su preeminencia en nuestras vidas y ministerios es un tema constante en toda la Escritura. Verás cómo es esto para el pastor cristiano del siglo XXI. Sin Él no podemos hacer nada, y a través de Él podemos descubrir la satisfacción suprema en sus tareas ministeriales (Juan 15:5; Fil. 4:13).

AMAR A LOS DEMÁS

La segunda mitad del libro se centra en el mandamiento de amar al prójimo, a aquellos que Dios ha puesto en nuestras vidas. El término *prójimo* nos da una pista de por dónde empezar, porque significa «el más cercano». Mi prójimo más cercano es mi esposa, Janet.

Los Grandes Mandamientos no solo nos muestran cómo amar mejor, sino a quién amar más.

Todos somos iguales a los ojos de Dios, pero como sabes, no somos Dios. Mi oración para esta sección es que veas el orden divino de Dios para tu vida, de modo que puedas protegerlo con valentía.

UNA MIRADA MÁS CERCANA

Este escriba anónimo mencionado anteriormente era fariseo y miembro del sanedrín. Fue enviado para obtener pruebas de herejía para utilizarlas más tarde en el juicio de Jesús (Mat. 22:35). La versión de Marcos, sin embargo, revela que sus motivos personales eran auténticos cuando preguntó a Jesús qué era lo principal en la Escritura.

La élite religiosa de Jerusalén inventó leyes adicionales en lugar de seguir la Escritura real, y luego las subcategorizó en grupos afirmativos y negativos (248 leyes afirmativas, 365 leyes negativas). Estas reglas también se subdividieron en pesadas y ligeras. Las pesadas eran absolutamente obligatorias, y las ligeras, menos obligatorias.

Antes de que podamos entender y aplicar plenamente el primer y principal mandamiento, hay cinco términos clave en él que necesitamos explorar y aclarar: *Señor, primero, mayor, amor y todo.* Cada término se refiere a las prioridades de nuestras relaciones.

«Señor» (Yahvéh)

Hay tantos nombres maravillosos para Dios en la Biblia, pero solo un nombre del pacto: Yahvéh/Jehová. El hebreo antiguo no tenía vocales, por lo que una traducción más exacta sería *YHWH*. Por respeto al nombre personal de Dios, no se pronunció durante siglos, por lo que no sabremos pronunciarlo con exactitud en este lado del cielo.

El nombre propio del único Dios verdadero significa «auto existente o eterno; el que existe». El nombre de Jesús en hebreo era Jeshúa (y'shua), que significa «Yahvéh es salvación».

Me encanta que no podamos decir el nombre de Jesús sin decir también Yahvéh.

Es muy importante para Dios, y debería serlo para nosotros, que no tomemos Su nombre en vano. Es el tercero de los Diez Mandamientos, solo precedido por los mandamientos que prohíben otros dioses o imágenes esculpidas. Estos tres primeros mandamientos son como una cláusula de no competencia en nuestro pacto. Dios insiste en ser nuestra «prioridad». Por eso es tan importante entender bien Su nombre.

«más importante» o «primero» (prótos)

El escriba preguntó: «¿Cuál es el mandamiento más importante de todos?» (Mar. 12:28). La palabra griega *prótos* suele traducirse como «más importante». Sin embargo, la Reina-Valera la traduce como «primero». Una cosa que me gusta del uso de «primero» es que habla de la prioridad de amar a Dios. Además, Jesús usó «segundo» para referirse al otro gran mandamiento: *Amarás a tu prójimo como a ti mismo.* Cuanto más me acerco a las Escrituras, más veo un orden emergente para nuestras vidas y ministerios.

Mi vida y mi ministerio nunca han sido los mismos desde que Dios grabó en mi corazón la poderosa simplicidad de hacer de Jesús mi primer amor. Esta verdad tuvo un gran impacto en mí como pastor después de que admitiera a regañadientes que mi primer amor ya no era mi primera prioridad.

Muchas traducciones de la Biblia utilizan «más importante» porque capta con mayor precisión el peso de la pregunta del escriba. El experto en la ley quería saber la prioridad de los mandamientos, no simplemente la secuencia de los mismos. Si incumplimos el primer mandamiento (amar a Dios por completo) y cumplimos el segundo (amar al prójimo), nos quedamos en un mero humanismo. Nuestros prójimos son de vital importancia, pero no son tan importantes como Jesús.

Cristo nos recuerda que lo *más importante* que haremos hoy, o cualquier día de nuestra vida, es amarlo.

Sabemos intuitivamente que Dios es más importante que cualquiera o cualquier otra cosa de la creación. *Shemá* significa «oye» en hebreo, ya que el *Shemá* comienza así: «Oye [escucha], Israel» (Deut. 6:4).

Este claro compromiso de pacto con Dios refuerza los dos primeros de los Diez Mandamientos, que prohíben otros dioses e ídolos. No hace falta ser numerólogo para ver cómo la Biblia afirma repetidamente que solo hay **un** Dios, y que Él exige el primer y más importante lugar en nuestras vidas.

Dios no dejó lugar para nadie ni para nada más en Su trono. Los términos del pacto de Dios son que Jesús sea nuestro *único* Señor. Él es el Salvador y el héroe principal de la historia humana y de Su iglesia. Pastor, tú no tienes que ser el héroe; ese trabajo le pertenece a Cristo.

«*mayor*» (mégas)

Después de que Jesús respondiera a la pregunta inicial del escriba, reforzó su respuesta con un término aún más fuerte: *mayor*. Jesús dijo: «No hay otro mandamiento **mayor** que estos» (Mar. 12:31, énfasis mío). Ambos términos se utilizan también en la versión de Mateo de esta conversación. «Este es el **grande** [*mégas*] y el primer [más importante] [*prótos*] mandamiento» (Mat. 22:37-38, énfasis mío).

Dios utilizó la fuerza combinada de estos dos términos —*prótos* y *mégas*— *para* captar mi atención de una manera intensamente personal en 2006. Había estado ayunando y orando durante varios días en una tranquila cabaña de montaña en Jasper, Arkansas. No me gusta ayunar, pero es una de las mejores maneras de curar mi déficit de atención espiritual. Después de casi dos décadas como pastor, estaba maduro para un nuevo encuentro con el Señor.

Considero esta experiencia como mi «momento máscara» con Dios. Cuando era adolescente, mis entrenadores de fútbol a veces nos agarraban de las máscaras de los cascos para captar toda nuestra atención. Siempre funcionaba. Aunque Dios fue más gentil que mis entrenadores de fútbol, salí de esa cabaña sabiendo cuál iba a ser mi plan de juego para el resto de mi vida y ministerio. Fue en esa cabaña de las montañas Ozark donde el Gran Mandamiento se grabó en mi mente, y ruego que tú tengas una experiencia similar al leer este libro. Espero que ayude a centrarse a los que se preparan para una vida de ministerio, así como a los que se esfuerzan por terminar bien su ministerio.

Ningún líder ministerial que se esfuerce por empezar o terminar bien ignorará o descuidará las dos prioridades principales que Dios ordenó, Moisés autorizó y Jesús reforzó.

«amor» (agapao)

En 2003, el fundador de *Campus Crusade for Christ*, Bill Bright, organizó un desayuno en su casa de Orlando para algunos de mis amigos pastores de Arkansas, entre los que se encontraban Rick Bezet y Bill Elliff. ¡No se pueden imaginar lo emocionado que estaba por la oportunidad de conocer a este titán del ministerio en su propia casa!

Su encantadora esposa, Vonette, nos sirvió el desayuno mientras el Dr. Bright nos animaba mucho en el Señor. Sus respiraciones se medían porque estaba conectado a tubos de oxígeno, con el tanque detrás de su silla de ruedas. Antes de irnos, el Dr. Bright nos regaló un ejemplar autografiado de su libro *First Love: Renewing Your Passion for God* [Primer amor: Renueva tu pasión por Dios] en donde dice lo siguiente sobre el Gran Mandamiento: «No creo que haya ningún tema más crucial para ti y para mí en esta vida».[2] Este sería su último libro. El Dr. Bright terminó su carrera terrenal pocos meses después. Su amor por la Gran Comisión y los Grandes Mandamientos sigue vivo a través de pastores y líderes como tú y como yo.

El título del mencionado libro del Dr. Bright, *First Love*, procede de un pasaje de las Escrituras dirigido a una joven iglesia de Éfeso. Esta iglesia tenía muchas cosas a su favor, como una doctrina sólida, disciplina y resistencia. Pero al final del día, Jesús les llamó la atención por descuidar y abandonar su primer amor. Jesús les escribió una carta que decía:

> «Has dejado tu primer amor. Recuerda, por tanto, de dónde has caído y arrepiéntete, y haz las obras que hiciste al principio» (Apoc. 2:4-5a, NBLA).

Como líder ministerial, es probable que ya estés familiarizado con la palabra griega para *amor* utilizada aquí: *agapao*. Jesús utilizó este mismo término en los Grandes Mandamientos. *Agapao* describe un amor de pacto que se basa en la gracia, no en el esfuerzo. Es un amor que distingue al cristianismo de todas las demás religiones del mundo por su unilateralidad. Jesús pagó por una libertad que no nos ganamos ni merecemos. Nosotros cometimos el crimen, y Él pagó la pena. Su amor *agapao* es una extensión de la misericordia y la gracia de Dios a través de Su obra de redención.

No existe otra religión con esos términos. Experimentar este amor divino es experimentar el pináculo de todas las relaciones. *Agapao* es lo que hace grande al Gran Mandamiento. Este amor es central en nuestro mandamiento más importante. El amor de

Jesús es gratuito e incondicional y, sin embargo, es costoso y evoca una respuesta radical. Es a la vez personal y universal.

Cuando intento explicar el amor de Dios, mis palabras parecen quedarse cortas y superficiales. Pero sé que es el amor de Cristo lo que nos impulsa a dedicarnos al ministerio (2 Cor. 5:14). Es la fuente misma de nuestra nueva vida y de nuestro llamado. Nada nos impulsa más que conocer el amor de Dios. Cualquier otra motivación es efímera y comparativamente vacía.

Oro para que tu experiencia con este libro sea algo más que un mero ejercicio académico. Quiero que hagas algo más que comprender este gran amor. Oro para que «[conozcás] el amor de Cristo que sobrepasa el conocimiento, para que sean llenos hasta la medida de toda la plenitud de Dios» (Ef. 3:19, NBLA).

Pastor, quiero invitarte a la parte más profunda de la piscina de la fe. Mi esperanza es que tu creciente amor por Jesús se desborde en las otras relaciones prioritarias que exploraremos en la segunda sección de este libro.

«todo» **(jólos)**

El primer partido de hockey al que asistí fue en 2016. El juego fue a solo unas cuadras de la oficina de Lifeway que tenía en ese momento en el centro de Nashville. Tuve la oportunidad de conseguir una entrada a mitad de precio, así que fui por ella, aunque sinceramente no tenía ni idea de en qué me estaba metiendo.

Mi primer partido no solo fue un partido profesional de la NHL, sino también un partido de la primera ronda de los *playoffs*.

Los Nashville Predators jugaban contra los Anaheim Ducks, y me enganché a la serie y al deporte. Los Predators perdieron ese partido, pero ganaron la serie y llegaron al séptimo partido de la segunda ronda de los *play offs* divisionales, antes de ser eliminados por los San Jose Sharks, que acabaron ganando la Copa Stanley ese año. Al año siguiente, los Preds jugaron su primera Copa Stanley, y llevé a mi hijo y a mi yerno a uno de esos partidos. ¡Ahora soy oficialmente un aficionado al hockey!

«Fan» es la abreviatura de «fanático», que implica que uno apoya a su equipo al cien por ciento. El *Shemá* nos pregunta si estamos *totalmente* con Dios:

> Y amarás al Señor tu Dios con *todo tu* corazón, y con *toda* tu alma, y con *toda* tu mente, y con *toda* tu fuerza». (Marcos 12:30, NBLA, énfasis mío)

Los deportistas y los fans no dudan en ir por todas. Tampoco lo hacen las personas que aman sus aficiones, la política o sus carreras. ¿Debería Jesús esperar menos de los líderes de Su Iglesia?

Jesús, nuestro primer amor, *lo* desea e incluso *lo* exige *todo* de nosotros. Él nos corresponde generosamente, así que no tengas miedo de lanzarte a lo más profundo de Su amor incondicional. Jesús pide que toda tu vida, todo tu amor y todas tus prioridades estén puestas en Él.

El Dr. David Ferguson lo dijo muy bien en su libro de referencia *The Great Commandment Principle* [El principio del Gran

Mandamiento]: «La Gran Comisión es lo que hacemos, pero el Gran Mandamiento encarna lo que somos. No podemos hacer eficazmente lo que hemos sido llamados a hacer a menos que abracemos lo que hemos sido llamados a ser».[3]

El escriba cuya pregunta llevó a Jesús a citar el Gran Mandamiento era él mismo un experto en las Escrituras del Antiguo Testamento. Asistente académico de los poderosos, era también abogado, profesor y parlamentario. Su pregunta fue precedida por varios intentos resentidos de desacreditar a Jesús por parte de los fariseos, saduceos y herodianos, pero este escriba buscaba sinceramente la verdad.

> Y el escriba le dijo: «Muy bien, Maestro; con verdad has dicho que Él es Uno, y no hay otro además de Él; y que amarle a Él con todo el corazón y con todo el entendimiento y con todas las fuerzas, y amar al prójimo como a uno mismo, es más que todos los holocaustos y los sacrificios». Viendo Jesús que él había respondido sabiamente, le dijo: «No estás lejos del reino de Dios». Y después de eso, nadie se aventuraba a hacer más preguntas (Mar. 12:32-34, NBLA).

La multitud de escépticos fue silenciada por la verdad que Jesús declaró y por la respuesta del escriba. Es una interacción que necesitamos que se repita en nuestras vidas. Pastor, es probable que tengas una multitud esperando a que des una respuesta así, pero sí tienes al Dios del cielo esperando a ver dónde pondrás tu lealtad. Tiene una comunidad de personas esperando ver cómo priorizas tu vida y ministerio.

La conclusión es que las iglesias sanas están dirigidas por pastores sanos que aman a Dios con todo su corazón, alma, mente y fuerzas. Quiero invitarte a que dediques los próximos minutos a pedirle a Dios que te ayude a amarlo primero. Luego pasa unos minutos más en la adoración amándolo con todo tu corazón, alma, mente y fuerza. No hay nada más importante que puedas hacer hoy.

«No es tan importante quien empieza el partido como quien lo termina». —John Wooten, exentrenador de baloncesto universitario de la UCLA.

CAPÍTULO 2

UN AMOR 4D

Hace poco compré mi primer televisor 4K. Déjenme decirles. Es…es…¡Impresionante!

La resolución 4K es una de las más altas en televisores y ha existido el tiempo suficiente para que sea asequible y estándar en la mayoría de los televisores nuevos. El término *4K* describe la resolución del televisor por el número de píxeles utilizados para crear una imagen.

Algunos pensarán: *«Este señor ha sido atrapado…»*. Yo lo rebatiría si no hubiera aceptado ya con entusiasmo mi cetro (el mando a distancia). Algún cascarrabias de 3K probablemente señalará que la tecnología acabará evolucionando más allá de mi nueva imagen esculpida en un 5K, ¡pero nadie puede robarme mi triunfo tecnológico temporal!

Mi televisor es genial, porque la resolución extra de una pantalla 4K añade más detalle, profundidad y resolución de color a la imagen. Las imágenes parecen más reales. Es increíble. Las pantallas 4K tienen unos 8 millones de píxeles, es decir, cuatro veces más de lo que puede mostrar un televisor 1080p. No entiendo mucho de tecnología, pero mi ignorancia es una bendición en este momento, porque estoy tan contento como un niño con un juguete nuevo.

En este capítulo intentaré explicar el Gran Mandamiento de amar a Dios con una medida de dicha aún mayor que mi televisión. Oro para que te ayude a disfrutar de tu relación con Dios a un nivel que supere tu comprensión de la misma. El misterio de nuestra relación con Dios puede quedar más definido que nunca. Podemos pasar de borrosos intentos de revelar nuestra lealtad a acciones definidas que revelan un corazón plenamente puesto en Dios.

En el mandato que Jesús dio de que amemos a Dios, habló de cuatro dimensiones en nuestras vidas. Cada una de estas dimensiones es una parte particular de lo que tú eres. Cuando las leemos juntas en el contexto de los grandes mandamientos de Jesús, puedes ver que está hablando de amar a Dios con toda tu vida. Jesús quiere el paquete completo de lo que eres.

He pasado más horas de las que puedo contar intentando comprender y luego escribir sobre estas cuatro dimensiones (4D) de amar a Dios: *corazón*, *alma*, *mente* y *fuerza*. No puedo interpretar a la ligera ningún pasaje de las Escrituras, ¡especialmente el *más importante*! Al fin y al cabo, todos queremos que el amor de Dios defina quiénes somos como personas y como pastores.

Ahora, profundicemos en lo que significa tener ¡un amor 4D por Dios!

UN AMOR INTEGRADO

Como estudiantes y maestros de la Palabra de Dios, nos será útil construir una sólida base teológica para el mayor mandamiento de la Biblia. Empezaremos dedicando tiempo en este capítulo a comprender las cuatro dimensiones de nuestra vida: *corazón*, *alma*, *mente* y *fuerza*. Cada dimensión se solapa bastante con las demás en las Escrituras, así que intenta no analizarlas en exceso. De lo contrario, todo esto se convertirá en un mero ejercicio académico más, lo que sería una fenomenal pérdida de tu tiempo. El Shemá es un pacto global, no compartimentado.

Debemos tener cuidado de no limitarnos a hacer exégesis y predicar sobre el amor de Dios sin entregarle plenamente nuestros corazones. El amor del Gran Mandamiento nunca fue concebido para ser diseccionado como información solo para ser utilizada en una canción, sermón o lección. Es la llamada de Jesús a sí mismo.

Después de pastorear durante dos décadas, perdí esa idea en el camino. Al tener un ministerio fructífero que otros llamaban exitoso, quedé atrapado en el desempeño del ministerio y perdí la prioridad de mi *primer amor*. Con el tiempo me encontré solo, confundido y clínicamente deprimido.

Mientras trabajas con estas cuatro dimensiones de amar a Dios, hazlo con un espejo mental para que puedas ver dónde puedes estar luchando y preguntarle a Dios cómo quiere renovar tu vida y ministerio.

Algunos creen que las personas tienen tres naturalezas distintas: cuerpo, alma y espíritu (visión tripartita). Otros creen que solo estamos formados por dos partes: cuerpo y espíritu (visión bipartita). Creen que nuestro espíritu es la parte interna de nosotros (también conocida como corazón/alma), mientras que nuestros cuerpos constituyen la parte externa de nosotros.

A primera vista, el primer Gran Mandamiento parece enseñar una visión cuatripartita del ser humano: *corazón*, *alma*, *mente* y *fuerza*. Los cuatro son componentes de tu vida, no compartimentos de tu vida. No solo tenemos corazón, alma, mente y cuerpo. Somos la suma de esas cosas.

Estas cuatro dimensiones debían estar integradas, no separadas, en la vida de cada persona. Tal vez esto explique por qué cada uno de los escritores evangélicos las enumera de forma diferente.

A veces existe una clara distinción entre corazón, alma y mente. Pero la mayoría de las veces se usan indistintamente en la Biblia. Veamos 1 Tesalonicenses 5:23: «Y el mismo Dios de paz os santifique por completo; y todo vuestro ser, espíritu, alma y cuerpo, sea guardado irreprensible para la venida de nuestro Señor Jesucristo». Aquí Pablo utiliza la frase «y todo vuestro» como si estuviera describiendo las tres dimensiones como el resumen del ser de una persona.

Dios quiere todo de ti. Cada parte. Así que permíteme desglosar cuidadosamente cada uno de los cuatro componentes del amor del Gran Mandamiento.

Nuestros CORAZONES

Dios dio a cada persona del planeta un corazón físico. Es el órgano que mantiene nuestra sangre vital bombeando al resto de nuestro cuerpo. En pocas palabras, sin nuestro corazón físico estamos muertos físicamente. Del mismo modo, sin nuestro corazón espiritual estamos espiritualmente muertos.

Puedo entender por qué algunas personas se confunden con la idea de que una persona tenga dos corazones. Después de todo, la Biblia utiliza las mismas palabras tanto en griego (*kardía*) como en hebreo (*lebáb)* para describir el corazón físico y el corazón espiritual. Esto tiende a ser aún más confuso para las personas de pensamiento concreto como yo. Nuestros corazones espirituales son el núcleo central invisible de lo que somos, al igual que nuestros corazones físicos son el núcleo central de nuestros cuerpos. Sin un corazón espiritual nuevo estamos espiritualmente muertos, pero la buena noticia es que los cristianos reciben un trasplante de corazón espiritual en el momento de su salvación.

Nuestros corazones espirituales se rediman completamente cuando entregamos nuestras vidas a Jesús. Mi corazón era desesperadamente perverso antes de que Jesús me transformara el 12 de junio de 1980. En el momento en que clamé a Él por salvación, obtuve un corazón (espíritu) completamente nuevo, que es la realidad de todos los cristianos. Desde mi salvación hace más de cuarenta años, mi corazón ha estado pasando por un proceso interminable de santificación, que es el lento rodar hacia la madurez espiritual.

La Biblia utiliza la palabra *espíritu* indistintamente de *corazón*. Lo vemos en el uso que hace Ezequiel de un método de escritura oriental común llamado *paralelismo*. En este estilo de escribir o hablar se enfatiza la misma idea repitiéndola con términos diferentes.

> Arrojen de ustedes todas las transgresiones que han cometido, y háganse un corazón nuevo [*leb*] y un espíritu nuevo [*rúakj*] (Ezeq. 18:31).

Dado que el pensamiento occidental suele asociar el corazón con los sentimientos, quizás te sorprenda saber que el uso hebreo más común de *corazón* (*lebáb*) se refiere a nuestros pensamientos, no a nuestros sentimientos. Por eso Jeremías dijo: «Pondré mi ley dentro de ellos, y sobre sus corazones la escribiré; y yo seré su Dios y ellos serán mi pueblo» (Jer. 31:33b, LBLA). Lo mismo ocurre con el término griego (*kardía)*, según el contexto.

Nuestros corazones son algo más que un lugar donde residen nuestros pensamientos y sentimientos. Mi corazón es lo que yo soy, y tu corazón es lo que tú eres. En el capítulo 3 exploraremos cómo los pastores espiritualmente resistentes podemos amar al Señor con todo nuestro corazón.

Nuestras ALMAS

El término *alma* se utiliza a menudo como sinónimo de persona individual y se traduce con frecuencia en la traducción en inglés *Christian Standard Bible* como *vida* (utilizado 104 veces), o como *persona* (utilizado 38 veces). Todos los seres humanos (perdidos o salvos) tienen alma porque Dios ha insuflado vida en todos nosotros. Génesis 2:7 dice: «Entonces Jehová Dios formó al hombre del polvo de la tierra, y sopló en su nariz aliento de vida, y fue el hombre un ser viviente».

Actualmente hay 7500 millones de almas en nuestro planeta,[1] y cada alma vivirá para siempre... en algún lugar. Solo dos mil millones de nuestros vecinos en todo el mundo profesan ser cristianos, ¡así que nos queda mucho trabajo por hacer para hacer avanzar el evangelio!

El término griego para alma es *psujé*, de donde procede la palabra *psicología*. Mientras que el corazón es la parte eterna de nuestras vidas que está completamente redimida, el alma es la parte interna de nosotros que está constantemente siendo restaurada y renovada. Los términos *alma* y *espíritu* se utilizan como metáforas de aliento y viento tanto en hebreo como en griego. El término hebreo para alma (*nephesh*; creación de la respiración) se refiere a nuestra vida física, que Dios nos ha dado a todos.

> La vida [alma] de todo ser viviente está en sus manos, así como el aliento [físico] de todo ser humano. (Job 12:10, NTV)

Cada alma humana es valiosa y está hecha a imagen de Dios, pero con una personalidad única. Algunos suponen que su alma cobrará protagonismo en la otra vida. Pero tu alma es tu vida hoy mismo. Tal vez esta suposición provenga de este pasaje bíblico sobre el alma, comúnmente muy mal interpretado: «Porque ¿qué aprovechará al hombre, si ganare todo el mundo, y perdiere su alma? ¿O qué recompensa dará el hombre por su alma?» (Mat. 16:26).

La mayoría de las traducciones, como la *Christian Standard Bible*, traducen el término *psujé* como «vida» en lugar de «alma». Este pasaje en Mateo 16 no está hablando de perder tu salvación eterna, está hablando de perderte a ti mismo en esta vida terrenal. Tu alma es tu vida, y debes confiar tu alma a tu Salvador diariamente para tu santificación.

¿Está bien tu alma? ¿Necesita tu vida interior algún reordenamiento? En el capítulo 4 profundizaremos en lo que significa ser un líder emocionalmente sano que ama a Dios con toda su alma.

Nuestra MENTE

El término *mente* no aparecía en el *Shemá* original que Moisés pronunció y escribió. Tal vez esto se deba a que los hebreos no hacían una distinción real entre el corazón y la mente. Creían que en el corazón es donde realmente se piensa. Supongo que Jesús añadió *mente* a su recitación del *Shemá* porque la cultura grecorromana en la que nacieron sus seguidores consideraba la mente como el lugar de donde procedían nuestros pensamientos.

Nuestra cultura occidental actual supone lo mismo. A fin de cuentas, vemos muy poca diferencia en las Escrituras entre la mente y el corazón de una persona.

> Por nada estéis afanosos, sino sean conocidas vuestras peticiones delante de Dios en toda oración y ruego, con acción de gracias. Y la paz de Dios, que sobrepasa todo entendimiento, guardará vuestros *corazones* y vuestros *pensamientos* en Cristo Jesús. (Fil. 4:6-7, énfasis mío)

Dios sigue prometiendo guardar los corazones y las mentes de quienes lo aman. La salud mental no es menos importante que la salud física, espiritual o emocional, por lo que en el capítulo 5 exploraremos formas prácticas de amar a Jesús con toda nuestra mente.

Nuestra FORTALEZA

En mi opinión, la *fuerza se* refiere principalmente a la fuerza de nuestro cuerpo físico. El término griego (*ischys*) para fuerza puede significar voluntad, poder, fuerza o potencia. El equivalente hebreo (*koah*) se refiere a la energía física de una persona.

Quizás te hayas dado cuenta de que el ministerio requiere mucha energía. A veces, no sé si me siento agotado física, mental o emocionalmente, solo sé que estoy exhausto. Incluso mientras escribo esto, mi voz se ha ido por completo. La perdí un sábado y tuve que recurrir a un pastor de mi equipo para que predicara mi sermón. Tuve la tentación de seguir adelante el domingo por la mañana, pero mi sabia esposa me convenció de que no lo hiciera.

Todos queremos glorificar a Dios con nuestro cuerpo y amarlo con todas nuestras fuerzas. Parece que el rey Josías se dio cuenta, y nosotros también podemos:

> Y antes de él no hubo rey como él que se volviera al Señor con todo su *corazón*, con toda su *alma* y con todas sus *fuerzas*, conforme a toda la ley de Moisés, ni otro como él se levantó después de él (2 Rey. 23:25, énfasis mío, NBLA).

La salud física es a menudo la última cosa que los líderes del ministerio sienten que tienen tiempo para manejar. Incluso tenemos dichos bienintencionados como: «Prefiero quemarme a oxidarme». Algunos pastores llevan el descuido de sí mismos como una insignia de honor. En el capítulo 6 exploraremos cómo los líderes sanos pueden crecer en su amor por Dios y por los demás con todas sus fuerzas llevando una vida sana.

¡ABRÓCHENSE LOS CINTURONES!

En cierto modo, entiendo la física 4D y la tecnología 4K incluso más de lo que entiendo los misteriosos matices de mi amor cuatridimensional por Dios. Mi limitada comprensión de estas cuatro dimensiones del amor del Gran Mandamiento se ha convertido en mucho más que un proyecto de libro para mí. ¡Esto ha sido literalmente una labor de amor!

> [Oro] a fin de que, arraigados y cimentados en amor, seáis plenamente capaces de comprender con todos los santos cuál sea la anchura, la longitud, la profundidad y la altura, y de conocer el amor de Cristo, que excede a todo conocimiento, para que seáis llenos de toda la plenitud de Dios (Ef. 3:17-19).

CAPÍTULO 3

CON TODO MI CORAZÓN

Ayer me hicieron el reconocimiento médico anual, que empezó por mi corazón. Una enfermera comprobó mis latidos con un estetoscopio y otra persona me tomó la tensión. Después de que me dijeran que mi tensión estaba «perfecta», me hicieron un electrocardiograma que verificó que mi corazón funcionaba bien. Era una información muy importante para mí, ya que mi familia tiene antecedentes de enfermedades cardiacas.

El reconocimiento médico general era exhaustivo, por lo que el médico comprobó el estado de todo mi cuerpo. El corazón recibió mucha más atención que otros órganos porque es esencial para todo lo demás. Todas las demás partes de mi cuerpo dependen de la salud de mi corazón, así que Dios lo puso en el centro del cuerpo y lo colocó en una jaula de hueso.

El Gran Mandamiento menciona específicamente lo importante que es nuestro corazón para el corazón de Dios.

> Oye, Israel: Jehová nuestro Dios, Jehová uno es. Y amarás a Jehová tu Dios *de todo tu corazón*, y de toda tu alma, y con todas tus fuerzas. Y estas palabras que yo te mando hoy, estarán *sobre tu corazón* (Deut. 6:4-6, énfasis mío).

Creo que es interesante que Moisés introdujera el *Shemá* inmediatamente después de introducir los Diez Mandamientos en el Deuteronomio. El Señor no quería que los hebreos tuvieran el *Shemá* como un mero ejercicio religioso a observar periódicamente. Su intención es que esté en el centro de su propio ser.

Tu corazón es como el sistema operativo de una computadora: el programa central que hace funcionar todos los demás programas. Sin el sistema operativo, tu computadora no es más que un bloque de circuitos que no puede hacer nada. El Gran Mandamiento necesita ser cargado en el disco duro de nuestros corazones. Solo entonces llevaremos bien nuestras vidas, familias y ministerios.

El Gran Mandamiento es el chequeo exhaustivo que nuestro Gran Médico hace del corazón de los pastores. Nos obliga a responder a esta importante pregunta: ***¿Amo a Dios con todo mi corazón?***

No te apresures a responder esa pregunta. Si no puedes decir «sí» con confianza, ruego a Dios que use este libro (pero específicamente este capítulo) para ayudarte a volver a tu *primer amor* con el abandonado entusiasmo de un pastor dispuesto a amar a Dios completamente con su corazón.

UN ECG ESPIRITUAL

El electrocardiograma (ECG) que me hicieron durante ese examen anual era una «instantánea» de la actividad eléctrica de mi corazón. La prueba comprobaba el ritmo de mi corazón. Mi médico quería saber si latía al ritmo previsto. Cuando el corazón late demasiado deprisa, demasiado despacio o con un ritmo irregular, la persona tiene una arritmia, que es peligrosa para todo el organismo. Los ECG también pueden mostrar si nuestro corazón está lesionado, en riesgo o enfermo.

El chequeo espiritual de hoy puede salvarte de una angustia espiritual, atrofia espiritual, o incluso la muerte espiritual si descubres que no has nacido de nuevo. Tu corazón espiritual fue creado para estar en una relación próspera y amorosa con su Creador. No hay una sola cosa que hagas hoy más importante que caminar con Dios. De hecho, no hay una sola cosa que hagas en tu casa o en la iglesia esta semana que sea más importante que amar y adorar a Dios. Lideramos desde el desbordamiento de esa relación, así que quiero detenerme aquí y elogiarte por leer hasta aquí en este libro. ¡Obviamente quieres seguir creciendo y liderando bien!

¿Cómo probamos nuestro corazón para ver si está fuera de ritmo con nuestro Salvador? Jesús nos dio un ECG espiritual en forma de parábola para evaluar el estado de nuestro corazón. Quiero pedirte que leas la parábola del sembrador en Lucas 8:4-15 y permitas que Dios la use para diagnosticar la condición espiritual actual de tu corazón. Presenta cuatro tipos de tierra que muestran cuatro condiciones potenciales de nuestro corazón. Después de leer la parábola, responde a cuatro preguntas de diagnóstico muy importantes que se enumeran a continuación.

La parábola del sembrador es la única que aparece en los tres Evangelios sinópticos, lo que subraya su importancia. Jesús utilizó a menudo metáforas agrícolas porque casi todo el mundo cultivaba en aquella cultura o al menos sabía algo de ello. Incluso en los entornos urbanos, la mayoría de la gente ha intentado cultivar algo en algún momento de su vida. En esta parábola, el sembrador es Dios, la semilla es Su Palabra y nuestros corazones son la tierra.

Para ayudarte a evaluar el estado de tu corazón, hazte a ti mismo, y a Dios, estas cuatro preguntas de diagnóstico.

¿ES MI CORAZÓN DEMASIADO DURO?

> El sembrador es el que siembra la palabra. Y estos son los de junto al camino: en quienes se siembra la palabra, pero después que la oyen, en seguida viene Satanás, y quita la palabra que se sembró en sus corazones» (Mar. 4:14-15).

Nuestros corazones son vulnerables a los ataques de Satanás y de los demonios. A primera vista, esto parece fatalista, pero Dios no le da a Satanás un cheque en blanco. Lucifer tiene una correa. Nos dejamos intimidar por este pez globo espiritual cuando olvidamos la autoridad de Jesús sobre Satanás. Dios le permite a Satanás la libertad de probarnos para que nuestra fe pueda ser probada como fuerte o expuesta como débil. Pero no elimina la necesidad de que evaluemos nuestros propios corazones.

Esta parábola no trata solo de los corazones malvados de líderes como Judas Iscariote. Pedro y otros líderes de primera línea también estaban constantemente en la mira del diablo. Jesús advirtió a Pedro: «Satanás os ha pedido para zarandearos como a trigo; pero yo he rogado por ti, que tu fe no falte; y tú, una vez vuelto, confirma a tus hermanos» (Luc. 22:31-32).

Todos sabemos la mala noche que pasó Pedro inmediatamente después de esto. Poco después de quedarse dormido durante una importante oración, le arrancó la oreja a un guardia del templo. Por si fuera poco, negó conocer a Jesús tres veces.

Pedro era un campeón espiritual; pero estaba claramente agotado, vulnerable y necesitado de cuidados anímicos. Brian Croft reflexiona sobre una temporada en la que chocó contra un muro y su alma se estaba muriendo: «Ignoramos las señales de advertencia de estrés, depresión y ansiedad que el cuerpo nos comunica tan a menudo si le hacemos caso. Seguimos presionando y presionando, hasta que chocamos contra el muro. Parte de la aceptación de nuestra debilidad consiste en saber cuándo correr y avanzar y cuándo parar y descansar».[1]

Algunos de los que leen este libro están siendo zarandeados por Satanás ahora mismo. Si tu fe ha fallado como Pedro, todavía puedes volver atrás y fortalecer a tus hermanos y hermanas. Satanás va a intentar continuamente arrebatarte la semilla de la Palabra de Dios. Continuando con la historia de Pedro, algo de su zarandeada ocurrió más tarde, debido a la obediencia, no a la desobediencia. Justo después del martirio de Santiago, Pedro fue encarcelado. Pero mira la respuesta de la iglesia al juicio de Pedro:

> Pedro estaba custodiado en la cárcel; pero la iglesia hacía sin cesar oración a Dios por él (Hech. 12:5).

Mientras oraban, el Señor rescató a Pedro de los secuaces de Herodes. Un ángel del Señor lo escoltó más allá de dieciséis guardias armados porque la iglesia estaba orando por él. Creo firmemente que habría muchos menos pastores quemándose y abandonando el ministerio si sus iglesias oraran por ellos con tanta pasión. Como pastores y líderes de la iglesia, no se avergüencen de pedir apoyo en oración a la familia de su iglesia. Es probable que solo tengamos tantos intercesores como reclutemos.

Los pastores sanos y fuertes se recordarán a sí mismos con regularidad quién está realmente al mando de nuestras iglesias. No tenemos que perseguir al diablo ni debemos permitir que nos aleje de nuestras familias y ministerios. Los líderes necesitan «ser sobrios, y velad; porque vuestro adversario el diablo, como león rugiente, anda alrededor buscando a quien devorar» (1 Ped. 5:8). Ningún líder necesita que «Satanás gane ventaja» o «[ser ignorante] de sus maquinaciones» (2 Cor. 2:11).

Jesús tuvo bastantes problemas con los líderes religiosos de Jerusalén que eran «duros de corazón». La mayoría de los judíos fieles no solo creían que el Gran Mandamiento era importante, sino que lo citaban dos veces al día y lo escribían en los postes de sus puertas (*mezuzah*). Como ya he mencionado, algunos incluso lo metían en una cajita y se lo ataban en la frente (filacterias). Tal vez esta expresión formal de su amor a Dios fue útil en un principio, pero Dios deseaba que el *Shemá* fuera tatuado en sus corazones y expresado con auténtico afecto (Jer. 31:33; Heb. 8:10).

Los pastores deben tener cuidado al abordar temas familiares como este. Casi todos los días hablo con pastores, ministros y misioneros en algún lugar del planeta que ya conocen todas las respuestas de manual a las preguntas más profundas de la vida. Este conocimiento nos hace vulnerables debido a nuestra reticencia a evaluar y guardar nuestros corazones. Confiar en nuestro corazón (o en nuestras entrañas) es peligroso porque Jesús enseñó que nuestros corazones son propensos a convertirse en pozos negros de muerte. Lo dijo en Marcos 7:21-22:

> Porque de dentro, del corazón de los hombres,
> salen los malos pensamientos, los adulterios,
> las fornicaciones, los homicidios, los hurtos,

> las avaricias, las maldades, el engaño, la lascivia, la envidia, la maledicencia, la soberbia, la insensatez.

Tal vez, como los efesios, «has dejado tu primer amor» (Apoc. 2:4). Sabes que eres salvo, pero también sabes que te has estancado espiritualmente. Si no puedes decir honestamente que tú estás tan comprometido como lo estabas al principio, Jesús dice que el paso siguiente es dar la vuelta de regreso (arrepentirse).

> Recuerda, por tanto, de dónde has caído, y arrepiéntete, y haz las primeras obras; pues si no, vendré pronto a ti, y quitaré tu candelero de su lugar, si no te hubieres arrepentido. (Apoc. 2:5).

Si actualmente vives y te conduces con respiración asistida, permíteme recordarte que no tienes por qué seguir así. La restauración y la resiliencia están justo al otro lado del arrepentimiento. El arrepentimiento no es fácil para aquellos de nosotros con cabezas duras, corazones duros y ministerios públicos; pero la gracia de Dios es mucho mayor que todos nuestros pecados. Si te tomas el tiempo en este mismo momento para escuchar a Dios y aplicar Su Palabra, el enemigo será impotente para quitarla de la tierra de tu corazón hambriento.

ORACIÓN: *Jesús, solo tú puedes ablandar mi duro corazón. Me vuelvo de mi pecado y egoísmo a ti con un corazón humilde.*

Elijo escuchar tu voz en tu Palabra. Te ruego que hoy me libres del maligno y me alejes de la tentación.

¿ES MI CORAZÓN DEMASIADO SUPERFICIAL?

En mi primera experiencia en un equipo deportivo, tenía más entusiasmo que habilidad. El equipo de baloncesto de primer curso de la YMCA de Tyler, Texas, estaba dirigido por mi gran amigo Vandy que era, por mucho, el mejor jugador del equipo. De forma tanto más que milagrosa, era capaz tanto de lanzar como de driblar, y yo estaba obviamente celoso porque no sabía hacer ninguna de las dos cosas. El resumen de la estrategia de nuestro equipo consistía en darle el balón a este alfa de primer grado.

En mi primer partido de baloncesto robé milagrosamente el balón al otro equipo ¡y me lancé con entusiasmo hacia la canasta! Estaba eufórico por haber conseguido por fin driblar el balón y me sorprendió lo fácil que era recuperar el balón y anotar una canasta. ¡Creía que era tan rápido que nadie podía seguirme el ritmo!

Al ser mi primera y única anotación, me sentí confundido por la falta de entusiasmo de mis padres, entrenador y compañeros de equipo en el otro extremo de la cancha. Desgraciadamente, mi celebración fue prematura y efímera, porque corrí con entusiasmo en la dirección equivocada y ¡marqué una canasta para el otro equipo!

Si nuestro entusiasmo por el Señor tiene sus raíces en una experiencia religiosa y no en una auténtica relación de amor, nuestro fuego por Dios se apagará rápidamente. El entusiasmo suele ser efímero, por lo que no debemos confundirlo con el profundo amor a Dios que crece en nosotros a tiempo y fuera de él.

Demasiadas experiencias de conversión ocurren en un terreno poco profundo. Los pastores suelen celebrar las manos que se alzan en la Escuela Bíblica de Vacaciones cuando se les pregunta si quieren ir al cielo algún día. Los estudiantes se precipitan al altar en respuesta a un convincente orador de campamento o concierto que intentó literalmente atemorizarlos respecto del infierno. Los adultos que tienen un roce con la muerte, el divorcio o un arresto también son vulnerables al destello de las oraciones impulsivas.

> Estos son asimismo los que fueron sembrados en pedregales: los que cuando han oído la palabra, al momento la reciben con gozo; pero no tienen raíz en sí, sino que son de corta duración, porque cuando viene la tribulación o la persecución por causa de la palabra, luego tropiezan (Mar. 4:16-17).

En esta parte de la parábola, la semilla se marchitó sin humedad porque no podía echar raíces en las rocas. Jesús nos advierte que nuestra alegría puede convertirse rápidamente en apatía cuando Su Palabra no tiene la oportunidad de echar raíces y crecer en nuestros corazones.

Los ministros debemos asegurarnos de no rebajar el evangelio al hacerlo parecer el camino de menor resistencia. Jesús enseñó todo lo contrario (Mat. 7:13-14).

También podemos rebajar el evangelio si no permitimos que la Palabra eche raíces y crezca en nuestros corazones. Los pastores y misioneros no son inmunes a tener un corazón superficial y débil. Nuestros corazones tiernos pueden convertirse fácilmente en tierra rocosa cuando no dejamos que Jesús pastoree nuestros corazones.

Como pastores, lidiamos con los mismos problemas que todos los demás en nuestra iglesia. No es raro que los líderes del ministerio y los cónyuges luchemos con la erosión en nuestros matrimonios, la rebelión en nuestros hijos y la frustración de ayudar a los padres que envejecen. Se nos acaba el tiempo, el dinero y la energía como a todos los demás. Si estos desafíos exponen la superficialidad de un corazón desprotegido, es tiempo de regresar rápidamente al pozo de la gracia, tanto tú como tu ministerio.

Ese pozo de gracia es donde encontrarás de nuevo tu corazón sano. El apóstol Pablo ora para que su iglesia de Éfeso profundice en el conocimiento de Jesús, «para que [conozcan] el amor de Cristo, que excede a todo conocimiento» (Ef. 3:19). Pablo utiliza aquí dos palabras diferentes para describir el conocimiento. Está orando para que *conozcan* (perciban/comprendan) el amor que sobrepasa el *conocimiento* (hechos seculares). El conocimiento personal e íntimo de Jesús sobrepasa cualquier conocimiento cerebral, lineal de la Palabra de Dios, aunque ambos son importantes para cualquier líder de la iglesia. Probablemente ya conozcas las respuestas en tu cabeza, pero ¿cuándo fue la última vez que profundizaste en los recovecos de tu corazón para recuperar la alegría con la que Jesús te llenó?

ORACIÓN: *Jesús, confío en que puedes profundizar mi fe. Hay tantas cosas que me distraen de tu amor, de tu Palabra y de tu obra. Quiero centrar de nuevo la atención de mi corazón en ti. Transforma mi corazón superficial en un corazón fértil que dé frutos duraderos.*

¿MI CORAZÓN ESTÁ DEMASIADO DESORDENADO?

> La que cayó entre espinos, estos son los que oyen, pero yéndose, son ahogados por los afanes y las riquezas y los placeres de la vida, y no llevan fruto (Luc. 8:14).

Cuando la Palabra de Dios compite con nuestra voluntad, expondrá un corazón desordenado y egoísta. Hay tres culpables comunes de un corazón desordenado: la preocupación, la riqueza y los deseos.

Preocupación

Así como las espinas pueden ahogar a las plantas sanas, también las preocupaciones pueden ahogar nuestra fe sana. No estoy hablando de perder la fe; más bien estoy hablando de perder la alegría con una fe que se erosiona lentamente.

Un amigo íntimo que es pastor me expresó con tristeza una vez: «A veces me pregunto si mi camino con Dios sería más fácil si no estuviera en el ministerio». Sí, incluso el trabajo en la iglesia puede ahogar nuestro crecimiento espiritual. Todos los pastores que conozco quieren que su crecimiento espiritual supere el crecimiento de su ministerio, pero no siempre es así.

El origen de la palabra preocupación en español viene del latín *praeoccupatio,* que significa «ocupación anticipada». Si el ocuparte de las cosas antes de que sucedan está atentando contra tu fe, detente ahora y medita en oración sobre este pasaje. Pide a Dios que guarde tu corazón y tu mente con su paz.

> Por nada estéis afanosos, sino sean conocidas vuestras peticiones delante de Dios en toda oración y ruego, con acción de gracias. Y la paz de Dios, que sobrepasa todo entendimiento, guardará vuestros corazones y vuestros pensamientos en Cristo Jesús (Fil. 4:6-7).

Debemos comprobar intencionada y constantemente nuestro propio pulso espiritual. Además, necesitamos pedirle a un par de creyentes maduros que nos ayuden a evaluar la condición de nuestro corazón.

Riqueza

Tenía trece años cuando oí la noticia de que Elvis había muerto esencialmente ahogado por su riqueza. Elvis ha vendido el mayor número de álbumes en solitario de la historia y fue nominado catorce veces a los Grammy. He visto sus coches de lujo y su piano de cola chapado en oro en el Salón de la Fama de la Música Country de Nashville, así como en Graceland, en Memphis. Todos sus premios, juguetes, discos, fama y dinero son un triste recordatorio del «engaño de las riquezas», que condujo al destructivo final de este querido hermano en Cristo.

Ninguno de nosotros es inmune a la falsa sensación de seguridad y valía que acompaña a la riqueza. Incluso los pastores caen en la trampa. «Si mi salario fuera más» y «Si el presupuesto de la iglesia fuera grande» son afirmaciones que muestran que nuestra confianza está más en las riquezas que en el Rey. Algún día todas nuestras cosas acabarán en el vertedero, en el almacén o en el garaje de nuestros hijos.

Deseos

El término griego traducido «placeres de la vida» apunta a un deseo sensual insaciable. También es la palabra griega de la que procede la palabra *hedonismo*. El hedonismo es la creencia de que el placer, o la felicidad mundana, es el objetivo más elevado de la vida. Los emperadores romanos eran famosos por su hedonismo, que se convirtió en la norma cultural del Imperio romano.

En el libro *This Is Our Time*[Este es nuestro momento], Trevin Wax escribió que el mayor mito al que nos rendimos es la búsqueda de la felicidad. Un proyecto de Barna Research descubrió que el 84 % de los estadounidenses creen que «la meta más alta para la vida es disfrutarla lo más posible». ¡Más triste aún es el hecho de que el 66% de los cristianos que van a la iglesia se tragan la misma mentira![2]

Como bien sabes, el hedonismo y el materialismo están muy vivos en la cultura actual y son una amenaza ominosa para nuestras iglesias y púlpitos. Los deportes, las actividades escolares, el trabajo y los pasatiempos a menudo tienen un dominio absoluto sobre nuestras vidas. Nuestra obsesión por lograr y adquirir deja nuestros corazones estériles, agotados y vacíos.

Como pastores, tenemos la tentación de centrarnos en las medidas del éxito del ministerio en lugar de centrarnos en Jesús. Nuestros egos a veces anhelan grandes multitudes y más atención; sin embargo, nuestra motivación principal debe ser el amor por Cristo que nos atrajo a nuestro llamado al ministerio en primer lugar.

ORACIÓN: *Jesús, admito que mis deseos terrenales se han interpuesto en mi amor por ti. Tú eres mi alegría y mi salvación. Nada es tan grande como servirte y amarte. Señor, purifica mi corazón de las preocupaciones de este mundo.*

¿MI CORAZÓN ESTÁ SANO?

Y estos son los que fueron sembrados en buena tierra: los que oyen la palabra y la reciben, y

> dan fruto a treinta, a sesenta, y a ciento por uno (Mar. 4:20).

Me doy cuenta de que muchos están caminando con Dios consistentemente y su amor por Él está creciendo. Es probable que estés leyendo este libro porque estás invirtiendo con toda la intención en tu salud espiritual. O tal vez estás leyendo este libro con otro pastor u hombre, o tal vez con un alumno que está ministrando «fuera de temporada». Si no es así, tal vez deberías hacerlo. Sé que todos tenemos amigos en el ministerio a quienes les vendría bien un ECG espiritual. Todos conocemos a alguien que necesita un Bernabé que le ayude a volver a ponerse de rodillas.

Cuando el corazón humano late a un ritmo normal, comparte sangre con el resto del cuerpo, y todas las partes del cuerpo ganan. Los pastores espiritualmente resistentes son normales a los ojos de Dios, porque ese es Su plan para la vida y el ministerio de cada cristiano. La mediocridad es la norma cultural, pero no es la norma cristiana. El amor tibio es anormal y nauseabundo para Dios (Apoc. 3:16). Un amor al rojo vivo por Dios no es la nueva normalidad, es la normalidad de la vieja escuela.

Debemos negarnos a aceptar cualquier redefinición cultural del cristianismo. El Gran Mandamiento es de la vieja escuela. Nos remonta más de 2000 años atrás, a las palabras de Jesús, y 1500 años más atrás, a las palabras de Moisés. Por supuesto, toda la Palabra de Dios se origina en el corazón de Dios y es tan atemporal y relevante hoy como en cualquier otro momento de la historia.

Independientemente de su diagnóstico personal, el pronóstico universal es sencillo:

> Afirma mi corazón para que tema tu nombre.
> Te alabaré, oh Jehová Dios mío, con todo mi corazón (Sal. 86:11b-12a).

Qué privilegio es saber que el Señor de toda la creación desea una próspera relación de amor con nosotros. Aunque algunos corazones son duros, superficiales o desordenados, solo nosotros somos verdaderamente responsables de la receptividad de nuestro propio corazón.

Ahora que has hecho tu ECG espiritual, ¿cuál es la verdadera condición de tu corazón hoy? ¿Es duro, superficial y cerrado, o es receptivo, sano y fructífero?

Si tu corazón es receptivo y tu vida y ministerio son fructíferos, no olvides que el amor de Dios es un don que no hemos merecido ni iniciado. De lo contrario, el orgullo puede colarse y robarnos parte de la gloria de Dios, así como nuestra alegría.

Una vez que nuestros corazones vuelven a estar sanos, ¿cómo nos mantenemos sanos para poder acabar fuertes algún día?

Ray Allen se retiró de la NBA en 2016 tras dos títulos y diez participaciones en el All-Star. Allen fue el líder histórico en triples con 2973 puntos hasta que Stephen Curry batió ese récord el 14 de diciembre de 2022. En una carta a su yo más joven, escribió: «El secreto del éxito en la NBA es que no hay secreto. Son solo viejos y aburridos hábitos».[3]

Sin secretos.

Sin atajos.

Camina con Dios cada día y deja que cultive tu corazón hasta que deje de latir.

CAPÍTULO 4

CON TODA MI ALMA

Tras once horas en la morgue, Janina Kolkiewicz, de 91 años, se despertó y empezó a agitarse. Había sido declarada muerta por su médico en una ciudad del este de Polonia llamada Ostrow. Encontró a Janina sin pulso e incluso empezó a rellenar su certificado de defunción. Cuando se despertó, Janina preguntó por té caliente y pastelillos.

«Estaba segura de que había muerto», dijo la doctora Wieslawa Czyz, la fisioterapeuta que la examinó. «Estoy aturdida, no entiendo qué ha pasado. Su corazón había dejado de latir, ya no respiraba».[1]

Un número sorprendente de pastores, ancianos, diáconos y otros líderes eclesiásticos con los que me relaciono parecen estar constantemente sin aliento. Algunos apenas registran pulso. Mientras empujan valientemente hasta el siguiente evento en su calendario, estos líderes a menudo no se dan cuenta de lo débiles que se han vuelto sus almas descuidadas.

Aún más sorprendente es la frecuencia con la que este estado de agotamiento se acepta como una forma normal de vivir y servir. Puesto que *alma* significa literalmente respiración, permíteme que me atreva a preguntarte si respiras con normalidad estos días. Si es así, hay vitalidad en tu vida. Si no es así, no esperes a que te despierte una visita a la morgue.

Philip Nation fue el editor original del contenido de este libro. Es pastor, autor y editor, y se ha convertido en uno de mis mejores amigos. En las primeras etapas de la discusión de este libro en una cafetería con Philip, hizo esta observación inquietantemente astuta:

> Los pastores pueden perder el sentido de sí mismos en el ministerio.

Si tu ministerio ha estado drenando constantemente tu vida, quizás necesitas crear una separación más clara de la iglesia y de uno mismo. Me he perdido en el ministerio más de una vez en los últimos treinta y cinco años. Ha habido temporadas en las que no tenía mucha vida fuera de mi ministerio, lo cual es triste. Dado que nuestra alma es nuestra vida, este capítulo es una gran oportunidad para hacer un balance de nuestras vidas y, a continuación, hacer cambios valientes e intencionados que nos ayuden a estar y mantenernos emocionalmente sanos.

Quiero desafiarte a que compruebes con franqueza tu pulso emocional preguntándole a Dios si tu alma está despierta, abatida o rendida.

EL ALMA DESPIERTA

Dado que *alma* es sinónimo de persona, se suele traducir como *vida*, refiriéndose a la vida actual, no a la vida después de la muerte. Las almas cristianas no necesitan ser salvadas de nuevo, pero a veces necesitan ser despertadas de nuevo.

Todos aspiramos a estar despiertos espiritual y emocionalmente. La buena noticia es que está a nuestro alcance tener un alma resiliente, despierta y plenamente viva. Si tu alma está adormecida y aletargada, puedes unirte a mí en esta oración sencilla y eterna: «Despierta, alma mía» (Sal. 57:8).

Las almas despiertas aprenden a organizar su vida exterior al ritmo de su vida interior, y no al revés. Los líderes disciplinados han aprendido el fino arte de priorizar sus agendas en lugar de racionalizarlas. Crecer como líder significa aprender a establecer prioridades.

Los pastores sanos dirigirán iglesias y ministerios sanos porque han aprendido a dirigirse primero a sí mismos. Hay tres disciplinas básicas que han ayudado a mantener mi alma despierta durante treinta y cinco años de ministerio pastoral.

1. Adoración diaria

Deseo genuinamente amar a Dios con toda mi alma, pero esto es una disciplina diaria. No hay duda de que nuestras agendas reflejan fielmente nuestras prioridades, porque las agendas no mienten ni exageran. Puesto que nuestro objetivo es amar a

Dios con toda nuestra alma, nuestro *primer amor* debe ocupar el primer lugar en nuestros horarios diarios.

El hecho de que el Dios de toda la creación quiera restaurar personalmente mi alma cada día, ¡es increíble! Mira cómo Dios nos comunica esto:

> Venid a mí todos los que estáis trabajados y cargados, y yo os haré descansar. [...] y hallaréis descanso para vuestras almas (Mat. 11:28-29).

Nuestro caminar con Dios debe ser lo suficientemente constante como para encontrar descanso espiritual. Jesús nos invita a Su presencia, estemos cansados o no.

> Permaneced en mí, y yo en vosotros. Como el pámpano no puede llevar fruto por sí mismo, si no permanece en la vid, así tampoco vosotros, si no permanecéis en mí. Yo soy la vid, vosotros los pámpanos; el que permanece en mí, y yo en él, este lleva mucho fruto (Juan 15:4-5).

Lo primero que cambié después de mi «momento máscara» con Dios que mencioné en el primer capítulo, fue programar un tiempo diario con Él. Yo vivo según mi calendario, así que cuando miré mi abarrotado calendario hace catorce años, me convencí de cómo había dejado que mi relación con Dios se erosionara peligrosamente. En aquella época, me reunía con un amigo en el gimnasio dos o tres mañanas a la semana. Además, solía tener uno o dos desayunos semanales.

Aunque en aquel momento pastoreaba una gran iglesia, sin querer había exprimido a Jesús de la mejor parte de mi calendario. Como dice John Ortberg: «Una paradoja del alma es que es incapaz de satisfacerse a sí misma, pero también es incapaz de vivir sin satisfacción. Fuiste hecho para la satisfacción del alma, pero solo la encontrarás en Dios».[2]

Necesitaba desesperadamente empezar el día con Dios, así que me tomé lo de «primero» al pie de la letra y puse fin inmediatamente a todas mis reuniones matutinas. Esa sigue siendo mi práctica hoy en día.

> Como el ciervo brama por las corrientes de las aguas. Así clama por ti, oh Dios, el alma mía (Sal. 42:1).

Supongo que lees o estudias la Biblia con regularidad, pero ¿cuánto tiempo hace que no la disfrutas de *verdad*? ¿Cuándo fue la última vez que tu alma se sintió fortalecida y refrescada por la presencia vivificante y la Palabra de Dios?

¿Es tu visión de hacer crecer tu ministerio más ambiciosa que tu visión de hacer crecer tu alma?

La ley del SEÑOR es perfecta: reanima el alma (Sal. 19:7, RVC).

2. Sábat semanal

Sábat significa simplemente «parar». Es el número cuatro en la lista de los Diez Mandamientos de Dios. Los pastores y líderes de la iglesia juegan fuera de toda proporción con su obediencia cuando trabajan toda la semana sin parar. ¿A quién estamos engañando cuando ministramos todo el día el domingo y lo llamamos *sábat*? Discipulamos a nuestra gente por medio de ser modelo de cómo obedecer consistentemente el mandamiento de Dios.

El *sábat* no es solo un mandamiento, sino también un don que se aplica a todos los creyentes... incluidos los ministros. El ministerio es a menudo emocionalmente energizante, pero también puede ser emocionalmente agotador cuando el peso de todas nuestras responsabilidades se vuelve demasiado pesado.

Un pastor con honestidad escribió: «Estaba dispuesto a renunciar si no me derrumbaba antes. Recuerdo haber recibido una placa de alguna organización por ser una de las diez iglesias de más rápido crecimiento de la ciudad (Mineápolis). Pero por dentro éramos un desastre. Mi vida personal era un desastre, porque entonces no creía que se pudiera dirigir una iglesia y tener una vida personal de calidad. Pensaba que ambas cosas se excluían mutuamente. Nuestro personal clave estaba estresado y agotado. Un par de nosotros llevamos la placa al bosque, la pusimos en un árbol y la agujereamos con un rifle. Odiábamos lo que representaba. Sentíamos que esa grandeza nos estaba matando».[3]

Es probable que te hayas sentido como ese equipo de personal. ¿Fue el apretado calendario de la iglesia lo que te agotó emocionalmente? Tal vez fue un grupo de miembros quisquillosos el que te agotó. Tal vez hay algunos diáconos leyendo esto que han asumido responsabilidades temporales entre pastores. Tal vez eres un anciano que ha tenido que disciplinar a un empleado o miembro de la iglesia.

Cuando el ministerio se pone difícil, solo quieres un poco de alivio.

Los líderes emocionalmente resilientes aprenden a salir de la primera línea del ministerio entre temporadas duras de servicio. Tienen una vida y una identidad fuera de la iglesia que les mantiene fuerte el pulso. Recientemente, mientras asesoraba a algunos pastores en Kentucky sobre la necesidad de tener una vida fuera del ministerio, uno de ellos dijo rotundamente: «Tengo un kayak que no he usado en dos años. Tengo que cambiar eso». Otros pastores no tardaron en replicar: «Solía ir de caza, solía jugar al golf… solía trabajar en el jardín» (este último me confundió).

El alma del rey David se restauró junto a pastos verdes y aguas tranquilas. ¿Dónde se recarga más rápido tu alma? Me recargo cazando con arco en otoño y compitiendo en una liga de tenis en primavera. ¿Hay un momento mejor que este para disfrutar de la vida abundante de la que predicó el domingo pasado? El autocuidado puede parecer egoísta a quienes están comprometidos con el servicio a los demás, pero te aseguro que un pastor poco saludable hará más mal que bien.

Hace poco me reuní con un alma cansada que había pastoreado casi una década sin vacaciones. Como muchos pastores agotados, lo dio todo por el cargo. Temo que no termine con fuerza, si es que termina.

Hay una forma mucho mejor de vivir.

Hay una forma mucho mejor de servir.

3. *Discipulado mensual*

Los pastores predican, enseñan y guían a los miembros para que vean que el cristianismo no es un deporte en solitario. Les decimos que no intenten crecer solos, pero ¿realmente lo creemos? Nada mueve más la aguja del discipulado que el ejemplo de los pastores. Desafortunadamente, es raro encontrar un pastor que sea parte de un grupo que no lidera.

Como líder, necesitas a alguien que te guíe para que puedas viajar más profundo en tu fe y más lejos con tu familia de la iglesia en la misión de Dios. Un grupo de discipulado puede ser un grupo pequeño convencional (tipo una clase bíblica grupal), un grupo de discipulado del mismo género, o una relación de mentores uno a uno.

Nos acabamos de mudar a Dallas hace unos meses y hemos estado buscando diligentemente una familia de la iglesia porque sabemos que necesitamos cuidado del alma tanto como cualquiera, tal vez más. El sábado pasado Janet y yo regresamos de dirigir una conferencia matrimonial fuera del estado, y estábamos exhaustos. Estábamos tan cansados que nos planteamos no ir a la iglesia, pero en lugar de eso nos unimos a una. Unas semanas después nos unimos a un grupo pequeño. No somos legalistas, somos supervivientes.

Para el pastor ocupado que no tiene a nadie que invierta en su alma, quiero desafiarlo a que se reúna con alguien cada mes (o con un grupo) con el propósito de ayudarlo a crecer. Necesitamos ser discipulados tanto como aquellos a quienes discipulamos.

¿Ha tenido tiempo tu alma de ponerse al día con tu agenda últimamente? Si tu alma necesita descanso, haz un cambio.

EL ALMA ABATIDA

No es realista esperar que nuestras almas estén siempre despiertas.

En nuestros mejores días, nuestras almas se regocijan. En nuestros peores días, nuestras almas son *tragadas por el dolor*, como fue el caso de Jesús en el jardín de Getsemaní momentos antes de su juicio y crucifixión. No podemos amar a Dios y a los demás con toda nuestra alma cuando nuestra alma está triste.

En el capítulo 2 vimos que el término griego para alma es *psujé*, de donde procede la palabra *psicología*. Sigmund Freud dijo que el trabajo de su vida había estado dedicado a comprender lo más plenamente posible «el mundo del alma del hombre».[4] Incluso Freud, de mentalidad secular, vio la profunda necesidad humana de un alma sana.

Ha habido momentos en mi vida en los que realmente me he sentido identificado con Jeremías, que sin duda era un alma torturada. Jeremías dijo: «Y mi alma ha sido privada de la paz, he olvidado la felicidad» (Lam. 3:17, LBLA). Para esta alma cansada, la felicidad era con demasiada frecuencia un recuerdo lejano.

Los líderes ministeriales a veces reprimen estas emociones porque no saben qué hacer con ellas. Los pastores preferimos estar alegres, así que solemos fingir cuando nuestras almas están enfermas. Nos gusta estar a cargo, así que tratamos de controlar nuestras emociones, lo cual rara vez funciona por mucho tiempo. Me pregunto si lo hacemos porque hemos confundido el desánimo con el pecado o el fracaso.

¿Te sorprendería que incluso Jesús experimentara a veces un alma abatida?

> Mi alma está muy triste, hasta la muerte (Mar. 14:34).

> Está turbada mi alma (Juan 12:27a).

Las penas de la vida no indicaban pecado o fracaso en nuestro perfecto Señor. Simplemente se encontraba en medio de la difícil travesía que tenía por delante.

Ana le dijo a María, la madre de Jesús, que un día una espada atravesaría su alma (Luc. 2:35). En lugar de caer en una espiral de depresión, el alma de María se fortaleció cantando alabanzas a Dios. En respuesta a la palabra de Simeón, María replicó:

> Mi alma glorifica al Señor y mi espíritu se regocija en Dios mi Salvador (Luc. 1:46-47, NVI).

¿Está tu alma abatida por tus hijos (como Ana y María), por tu ministerio (como Jeremías y Pablo) o por tu seguridad (como David y Pedro)?

El espíritu abatido de Pablo se consoló gracias a personas como Tito: «Cuando vinimos a Macedonia, ningún reposo tuvo nuestro cuerpo, sino que en todo fuimos atribulados; de fuera, conflictos; de dentro, temores. Pero Dios, que consuela a los humildes, nos consoló con la venida de Tito» (2 Cor. 7:5-6).

Recuerda que la gracia de Dios es suficiente y que nuestros compañeros en la obra del ministerio pueden ser agentes de esa gracia. Después de haber sido pastor de tres maravillosas iglesias durante veintisiete años, he tenido el privilegio de servir a pastores durante los últimos nueve años con Guide Stone, Lifeway, Oklahoma Baptists y Care4Pastors Network. Hay innumerables pastores colaboradores en ministerios como estos que se dedican a ayudarte a empezar bien, a servir bien y terminar bien, pero necesitas dejar que te ayuden, especialmente en las temporadas difíciles. Además de mi trabajo a tiempo completo, estuve pastoreando una iglesia durante parte de la pandemia, ¡y fue un viaje salvaje! Pero nunca estuve solo.

A menudo les digo a los jóvenes pastores y seminaristas que esperen e incluso acepten las épocas de desánimo. El apóstol Pablo le dijo al novato Timoteo: «Predica la palabra de Dios; mantente dispuesto a tiempo y fuera de tiempo» (2 Tim. 4:2, RVA2015). No espero que los líderes ministeriales disfruten de las temporadas difíciles, pero tampoco quiero que se sorprendan por ellas porque son normales y por lo regular temporales.

Los líderes intencionales evaluarán sus temporadas en tiempo real, y luego ascenderán al monte Perspectiva para ver el panorama general. Mantén la vista centrada en la línea de meta en lugar de en los inevitables obstáculos que debes soportar.

Los pastores y líderes que van de iglesia en iglesia buscando la congregación utópica se llevan una gran decepción. Dondequiera que haya gente, hay problemas. Los pastores resilientes aprenden a crear una distancia saludable con aquellos que son parias pastorales que parecen prosperar, pero hacen nuestro trabajo más difícil. La principal razón por la que la gente nos roba la alegría es porque se lo permitimos.

El rey David experimentó varias épocas turbulentas en su vida. Dijo en el Salmo 42:5-6a:

> ¿Por qué te abates, oh alma mía, y te turbas dentro de mí? [...] Mi alma está abatida en mí.

Aunque David experimentó a menudo la *noche oscura del alma*, siempre se aferró a la esperanza de que Dios seguía firme en su trono. Dios también habló a través de la voz de Jonatán para recordarle a David su brillante futuro. Si tu temporada de desánimo se prolonga indefinidamente, te animo a que hables con tu médico de cabecera o con un consejero autorizado. El autodiagnóstico es una pérdida de tiempo, incluso si tienes formación clínica, cosa que la mayoría de nosotros no tenemos. Si se ha instalado la niebla de la depresión clínica, lo más sensato que puedes hacer es atravesar esa niebla con alguien que sepa adónde va.

EL ALMA RENDIDA

Ya sea que tu alma esté abatida, despierta o en algún punto intermedio, siempre debes estar rendido. La única manera de que nuestras almas permanezcan ancladas a lo largo de las tormentas de la vida es permanecer con Él diariamente.

¿Has entregado tu alma/tu ser completamente al Señor recientemente?

No respondas a esa pregunta demasiado rápido. Lo que está en juego es demasiado importante como para que regreses a tu ministerio con un alma parcialmente rendida. La rendición del alma es una decisión diaria, no solo eterna. Mientras lees este pasaje tan familiar, hazlo despacio y ten en cuenta que las cuatro veces que se utiliza «vida», se está traduciendo *psujé* (también conocida como alma).

> Si alguno quiere venir en pos de mí, niéguese a sí mismo, y tome su cruz, y sígame. Porque todo el que quiera salvar su *vida*, la perderá; y todo el que pierda su *vida* por causa de mí y del

> evangelio, la salvará. Porque ¿qué aprovechará al hombre si ganare todo el mundo, y perdiere su *alma*? ¿O qué recompensa dará el hombre por su *alma*? (Mar. 8:34-37, énfasis mío).

¿Qué parte de tu vida en la tierra debe estar bajo el señorío de Jesucristo? ¿Qué significa negarte a ti mismo? ¿Cómo sería tu vida y tu ministerio si amaras a Dios con toda tu alma?

Tómate tiempo ahora mismo para orar por una vida renovada, restaurada y revivida. ¿Por qué no le pides a Dios que insufle de nuevo Su Espíritu en tu alma/vida en este mismo instante?

CAPÍTULO 5

CON TODA MI MENTE

Durante las dos primeras décadas de ministerio pastoral, mi principal visión personal era construir una iglesia de la Gran Comisión. Esa visión alimentó dos décadas de crecimiento ininterrumpido de la iglesia en tres iglesias. Eso, por supuesto, si solo se mide el crecimiento por bautismos, edificios y presupuestos.

El problema era que no estaba creciendo personalmente al mismo ritmo que mi ministerio. Estaba dejando que la obra de Dios a mi alrededor sofocara la obra de Dios dentro de mí, y el resultado inevitable fue que mi llama interna empezó a parpadear, creando una crisis ministerial de mediana edad. Suponiendo que podía construir (o saltar) edificios altos de un solo salto, con el tiempo me di cuenta de que era un hombre de carne, no de acero.

Poner el mundo patas arriba era divertido hasta que mi mundo se puso patas arriba con una temporada de tres años de depresión clínica.

Sospecho que todo pastor pasa por períodos temporales de agotamiento y desánimo. Un estudio de 2019 llamado Flourishingin Ministry (Prosperando en el ministerio) preguntó a 10 000 pastores sobre su bienestar. Casi el 25% dijo que estaba sufriendo en una temporada muy difícil de agotamiento emocional y salud física. Un 25% adicional dijo que estaba muy cerca de unirse a ese primer grupo.[1]

Los días difíciles son un hecho. Debemos estar preparados para servir y predicar *a tiempo y fuera de tiempo*. Sin embargo, mi temporada de desánimo me sumió en una obstinada niebla mental que se negaba a desaparecer. Me sentía atrapado y estaba tan preocupado que pedí ayuda a mi médico.

Eso fue hace más de una docena de años, y alabo al Señor por haberme librado completamente de esa oscura temporada de depresión. Al igual que el cáncer, hay muchos tipos de depresión, y lo peor que podemos hacer como ministros es autodiagnosticarnos. Mi médico y mi terapeuta eran miembros de mi iglesia, y ¡Dios los usó a los dos para que este Humpty Dumpty volviera a la normalidad!

Como graduado de tres escuelas de los bautistas del sur, me sorprendió lo poco preparado que estaba para evaluar y abordar mi propia salud mental, y mucho menos la de los miembros de la iglesia que pastoreaba. Como resultado, aprendí por las malas que la salud del pastor está intrínsecamente relacionada con la salud de la iglesia local.

Una vez compartí mi testimonio sobre la depresión en una conferencia de pastores en Virginia Occidental, y recibí esta respuesta de un pastor:

> Mark, estoy agradecido por lo que nos enseñaste en la conferencia de pastores. Me sentí muy animado a entrar en consejería. Lo he hecho y, hombre, estoy empezando a ver el amor y la gracia de Dios por mí más que nunca.

Cuando un pastor de la Costa Oeste que se encontraba en una situación oscura también siguió mi consejo de buscar ayuda a través de la atención clínica cristiana, ¡su mujer y sus hijas me buscaron en la Convención Bautista del Sur para darme las gracias! Su testimonio fresco de su sanidad me hizo llorar y sonreír. ¡A Dios sea la gloria!

Según el Instituto Nacional de Salud Mental, el 26% de los adultos estadounidenses sufre cada año un trastorno mental diagnosticable. No debe sorprender que este mismo porcentaje (26%) de pastores protestantes estadounidenses afirmen haber luchado personalmente con algún tipo de enfermedad mental.[2]

Por favor, no piensen que estoy diciendo que creo que la mayoría de los pastores están deprimidos, pero más que nunca están pidiendo ayuda. Dirijo las iniciativas de Bienestar Pastoral en Guide Stone Financial Resources, y Guide Stone informó recientemente de un aumento del 40 % en las reclamaciones de salud mental desde que comenzó la pandemia de la COVID-19 (2019-2021).[3]

La depresión es complicada y a veces peligrosa, pero es una enfermedad tratable, no terminal.

Los pastores y otros líderes de la iglesia deben ser mensajeros de esperanza y sanidad para quienes luchan constantemente con sus pensamientos. Cuando la gente entra cojeando en nuestras iglesias, tenemos que asegurarnos de que entienden que no tienen por qué caminar solos por un valle de niebla mental. Jesús y su esposa están deseosos de ayudarles a vivir una vida abundante y fructífera. Como enseñó el escritor de Eclesiastés: «Mejores son dos que uno; porque tienen mejor paga de su trabajo» (Ecl. 4:9).

Todos deseamos amar al Señor con toda nuestra mente, y al hacerlo deberíamos ser capaces de prestar atención a nuestra salud mental.

UNA NUEVA PRIORIDAD

La salud mental tuvo que convertirse en una prioridad en mi propia vida antes de serlo en mi ministerio. Una vez que recuperé la salud, la iglesia a la que servía recobró una vitalidad que no había visto en años. Me dan escalofríos cuando pienso en la conexión intrínseca entre el bienestar general de un ministro y la iglesia local a la que sirve.

No hay que buscar demasiado en la Biblia para ver lo importante que es una mente sana y transformada. Aunque la salud mental es un tema tan impopular como la salud física, ambas se mencionan claramente en el Gran Mandamiento y en el resto de la Biblia.

> Así que, hermanos, os ruego por las misericordias de Dios, que presentéis vuestros *cuerpos* en sacrificio vivo, santo, agradable a Dios, que es vuestro culto racional. No os conforméis a este siglo, sino transformaos por medio de la renovación de vuestro *entendimiento*, para que comprobéis cuál sea la buena voluntad de Dios, agradable y perfecta (Rom. 12:1-2, énfasis mío).

Sé que sería mucho más fácil para nosotros ceñirnos al tema más familiar de la salud espiritual y saltarnos todos esos molestos pasajes sobre la mente y el cuerpo, si tan solo el Gran Mandamiento nos diera esa opción. Sin embargo, no hay necesidad de sentirse intimidado por estos temas, porque usted y yo estamos llamados a ser equipadores, no expertos. Nadie espera que conozcamos a fondo el cerebro humano. Pero como mayordomos de la Palabra de Dios, necesitamos tener una comprensión básica de lo que significa ser líderes cristianos que aman al Señor con toda su mente.

Sabes bien que Satanás tiene planes para tu vida, pero no olvidemos que Dios tiene planes aún más grandes y mejores. Jesús le dijo a Pedro: «Simón, Simón, he aquí Satanás os ha pedido para zarandearos como a trigo; pero yo he rogado por ti, que tu fe no falte» (Luc 22:31-32a). Jesús estaba preparando a Pedro para la inevitable guerra que estaba a la vuelta de la esquina, pero no estaba sembrando en él semillas de miedo. Aunque no creo que fuera la voluntad de Dios que Pedro fracasara, obviamente permitió que Pedro pasara por el proceso de tamizado y refinado para que pudiera crecer tanto en fuerza como en humildad.

Más tarde necesitaría ambas cosas.

Sabemos en retrospectiva que Dios tenía grandes planes para Pedro, pero también sabemos que Dios tiene planes importantes para tu vida y tu ministerio. ¿Crees que Jesús está intercediendo ahora mismo por tu bien y por Su gloria? Jesús no está paseándose nervioso por la sala del trono del cielo preguntándose si dirigirás y vivirás bien. No. Él está intercediendo activamente por tu fidelidad y abogando por ti cuando fallas.

Imagina la clase de líder que podrías ser dentro de un año si intencional y consistentemente amaras a Dios con toda tu mente. ¿Cómo cambiaría tu forma de pensar en los próximos doce meses si sometieras constantemente tus pensamientos a la obra transformadora del Señor Jesucristo?

Las opciones aquí son muy claras. O te dejas conformar pasivamente a esta época o dejas que tu mente sea transformada y renovada por Cristo. Esta simple elección se nos presenta a cada uno de nosotros cada día, semana, mes y año: *conformarnos o ser transformados*.

Si eliges no someterte intencionalmente a este proceso de santificación transformacional, estás eligiendo por defecto *conformarte a esta época*. Si eliges *ser transformado por la renovación de tu mente*, te estás comprometiendo a un proceso lento y disciplinado de santificación, que solo termina en el cielo. Una mente transformada pasa por una metamorfosis gradual de madurez que da sus frutos tanto en esta vida como en la venidera.

La batalla por nuestro cerebro no se gana fácil ni rápidamente. No te desanimes por los contratiempos. Son inevitables. Los pastores y líderes fuertes y sanos no retroceden fácilmente ante las luchas. Al contrario, nos preparamos para ellas. Nos preparamos para la batalla.

Pablo escribió: «Por lo demás, hermanos míos, fortaleceos en el Señor, y en el poder de su fuerza. Vestíos de toda la armadura de Dios, para que podáis estar firmes contra las asechanzas del diablo» (Ef. 6:10-11). La raíz de la palabra *conformar* (*schema*) es el origen de nuestra palabra inglesa *scheme* que se traduce como *maquinación*. ¿Te das cuenta de que Dios está totalmente preparado para las previsibles maquinaciones del diablo? Muchas de estas maquinaciones se manifiestan en las tensiones del liderazgo de la iglesia. Algunas se manifiestan en nuestro propio estrés sobre el liderazgo de la iglesia.

ANIMOSAS BIENVENIDAS

Hablo con pastores y líderes ministeriales todos los días y puedo dar fe del hecho de que tienen uno de los trabajos más difíciles del planeta. Un estudio de 2015 de Lifeway Research sobre el desgaste de pastores, realizado a 1500 pastores, reveló algunas de las preocupaciones más comunes de ellos:

- El 84% dice estar de guardia 24 horas al día.
- El 80% espera que haya conflictos en su iglesia.
- El 54% considera que el papel de pastor suele ser abrumador.
- Al 53% le preocupa a menudo la seguridad económica de su familia.
- El 48% considera que las exigencias de los ministerios son mayores de lo que puede soportar.
- El 21% dice que su iglesia tiene expectativas poco realistas de ellos.[4]

Los resultados de esta encuesta nos recuerdan que los que siguen sirviendo en primera línea del ministerio necesitan ánimos para seguir adelante. La carrera aún no ha terminado. Si usted es pastor, busque algunos animosos que se reúnan a su alrededor.

> Lleven ahora a feliz término la obra para que, según sus posibilidades, cumplan con lo que de buena gana propusieron (2 Cor. 8:11, NVI).

RENOVACIÓN POR REENFOQUE

Un pastor mentalmente sano necesita hacer más que esquivar los malos pensamientos; necesitamos pensar intencionalmente pensamientos piadosos. Pablo escribió:

> Por lo demás, hermanos, todo lo que es verdadero, todo lo honesto, todo lo justo, todo lo puro, todo lo amable, todo lo que es de buen nombre; si hay virtud alguna, si algo digno de alabanza, en esto pensad (Fil. 4:8).

Donna Seal es una consejera profesional certificada que tuvo el reto de tenerme como su pastor y paciente durante mi temporada de depresión clínica. En su práctica y seminarios, Donna me ha ayudado a mí y a innumerables personas a pensar intencionalmente pensamientos que honran a Dios y que son veraces, esperanzadores y útiles.

CENTRARSE EN LA VERDAD

Algunos de nuestros pensamientos simplemente no son verdaderos. Cuando los pensamientos engañosos se cuelan en nuestras mentes, necesitan ser reemplazados por la Palabra de Dios, que siempre es veraz.

Amamos a Dios con toda nuestra mente al leer y meditar constantemente en la verdad bíblica. Mientras cargamos la verdad bíblica a nuestra mente, simultáneamente estamos descargando las falsedades que se han filtrado en nuestras mentes de forma subconsciente.

> Derribando argumentos y toda altivez que se levanta contra el conocimiento de Dios, y

> llevando cautivo todo pensamiento a la obediencia a Cristo (2 Cor. 10:4b-5).

Debemos negarnos obstinadamente a caer en las mentiras del enemigo. De lo contrario, quedaremos atrapados por el pensamiento inmoral, egocéntrico y antibíblico de nuestra cultura.

Mentiras que la gente (incluidos los pastores) suele decirse a sí misma son:

- Soy un fracaso.
- No me importa.
- Dios nunca podría perdonarme por eso.
- No soy tan importante como los demás.
- Este pecado no es realmente tan malo.

No cuesta ningún esfuerzo creer mentiras sobre nosotros mismos, Dios y los demás en general. Esas mentiras se convierten en formas de pensar, de creer y de vivir. Viviremos lo que creemos, por lo que es vital para un cristiano sano y productivo creer conscientemente en la verdad y rechazar las mentiras.

A menudo es difícil reconocer una mentira porque hemos pensado en ella tantas veces que «nos parece» que es verdad. Sin embargo, nuestros sentimientos rara vez son un buen indicador de la verdad.

Dos preguntas para determinar si algo es veraz son:

1. ¿Está de acuerdo conmigo la Palabra de Dios?
2. ¿Le diría a otra persona que es la verdad de la Palabra de Dios?

La verdad siempre estará de acuerdo con las Escrituras.

Conseguir una buena salud mental puede parecer intimidante, pero no hay nada misterioso ni complicado en mantenerse mentalmente sano. A mí me resulta útil anotar mis pensamientos y oraciones en un diario después de leer un capítulo o dos de las Escrituras con devoción. De hecho, las ideas utilizadas en este libro surgieron de mi diario personal.

La libertad está al otro lado de la esclavitud de la mentira. Es donde la buena obra de Cristo se apodera de nosotros y nos envía a su mundo en misión. Pablo lo dijo de esta manera: «Estad, pues, firmes en la libertad con que Cristo nos hizo libres, y no estéis otra vez sujetos al yugo de esclavitud» (Gál. 5:1). Este pasaje me trae a la mente a un pastor resiliente que está harto de su pecado, o simplemente harto de estar enfermo.

Oro para que te veas a ti mismo como un hijo victorioso de Dios, no como una víctima indefensa o un esclavo. Cada día nos pasan por la cabeza innumerables pensamientos. No todos son verdaderos, así que ora para tener discernimiento.

Algunos creyentes de la iglesia romana «cambiaron la verdad de Dios por la mentira» (Rom. 1:25). El contexto original de este versículo es la moralidad sexual. Necesitamos un pensamiento claro si queremos guiar a otros a través del caos cultural. Si nuestras propias mentes no están claras acerca de la verdad, conduciremos a otros al mismo desorden. Los pastores debemos buscar intencionalmente la pureza en nuestras vidas privadas. Probablemente todos tenemos amigos que se han descalificado a sí mismos del ministerio debido a la inmoralidad sexual. La pornografía y el adulterio son falsas fantasías que nunca conducen a una realización duradera. Nadie se mantiene limpio y cerca del Señor por accidente, es por eso que debemos enfocarnos en lo que es verdadero.

ENFOCARSE EN LO ESPERANZADOR

Pensar con esperanza no es lo mismo que pensar con ilusión. Los pensamientos esperanzados son verdaderos, pero también duros. Por ejemplo: «No me va bien (verdad dura), *pero* puedo mejorar con la ayuda de Dios (verdad esperanzadora)». Algunos pensamientos son verdaderos, pero pueden ser difíciles de aceptar, sobre todo cuando escuecen.

Lifeway Research y Focus on the Family se asociaron en un sólido estudio sobre enfermedades mentales que reveló que la mayoría de los pastores son reacios a hablar sobre salud mental con sus congregaciones (66%). Mientras tanto, los miembros de la familia (65%) y aquellos con enfermedades mentales (59%) quieren que su iglesia hable abiertamente sobre el tema.[5]

Los pastores son a menudo los primeros en responder a los problemas de salud mental en nuestra iglesia y comunidad. Podemos asegurarnos de que las personas y familias con problemas de salud mental se sientan bien en nuestras iglesias. ¿Qué mejor lugar para ayudar a la gente a amar a Jesús con toda su mente que la iglesia local? Ya no necesitamos externalizar todos los problemas de salud mental de nuestros miembros a instituciones seculares, porque somos las manos de Jesús que equipan y sanan.

La mayoría de los que están leyendo este libro son pastores, misioneros u otros líderes ministeriales. A menudo sirven a Dios entre bastidores, donde a veces las cosas se complican. Cuando las cosas se ponen difíciles, sabes que hacer que las cosas mejoren significa que tendrás que guiar a las personas desde donde están hasta donde necesitan estar sin desanimarlas demasiado.

Tener esperanza significa disparar directamente *con* ellos, no *a* ellos.

Dios nunca nos deja sin esperanza. Un pensamiento sano y bíblico siempre implica esperanza. A veces la vida es muy dura, por lo que el pensamiento bíblico y esperanzador suele ser a la vez verdadero y duro. Por ejemplo: la enfermedad, las finanzas, las luchas en las relaciones, los desastres naturales, el estado de la economía y la muerte son asuntos difíciles. No podemos escapar a la verdad. Tratar de escapar de esa dura verdad nos lleva a la negación. Siempre es importante permanecer en la verdad aunque duela o sea dura. Sin embargo, pensar solo en lo que es duro puede dejarnos en un lugar de desesperación.

Por eso los pastores también necesitamos que este mensaje de esperanza se aplique a nuestra vida personal. Todos afrontaremos tiempos difíciles y días oscuros. La forma en que lo hacemos en nuestro pensamiento es ser honestos sobre lo que es duro y añadir la palabra *pero*... para que pase de ser duro a ser esperanzador.

Ejemplos:

> Me acaban de diagnosticar cáncer y tengo miedo. *Pero*...trabajaremos sabiamente con los médicos y confiaremos plenamente en el poder de Dios.
>
> Mi cónyuge murió y estoy de duelo. *Pero*... tengo familia y una iglesia que me quiere y me apoya.
>
> Tenemos conflictos en la iglesia. *Pero*...lideraré con la confianza de que el Espíritu de Dios puede llevar a la gente al arrepentimiento y restaurar la unidad en nuestra congregación.

Añadir un pensamiento que da esperanza no arregla automáticamente la situación, pero nos ancla en la verdad bíblica de que Dios gobierna y guía nuestras vidas. Nos protege de caer en una espiral de autocompasión negativa.

El primer versículo que memoricé como nuevo creyente en el instituto fue Juan 16:33: «Estas cosas os he hablado para que en mí tengáis paz. En el mundo tendréis aflicción; pero confiad, yo he vencido al mundo». Ese versículo ha sido para mí un salvavidas de esperanza varias veces a lo largo de los años. Con Jesús podemos ser realistas y estar esperanzados con nuestros pensamientos.

ENFOCARSE EN LO QUE ES ÚTIL

Además de desarrollar hábitos de pensamiento que sean sinceros y esperanzadores, también necesitamos preguntarnos intencionadamente si nuestros pensamientos son útiles. El pensamiento útil no consiste en fingir que algo es bueno cuando no lo es ni en negar los aspectos duros de la vida. Se trata de reconocer los pensamientos que son verdaderos y buenos. Sin una mente disciplinada, tendemos a centrarnos y detenernos solo en lo negativo.

Mi amiga consejera Donna compartió un gran ejemplo de pensamientos de ayuda con respecto a su hija Emily:

> Cuando Emily se quedó embarazada de James Patrick, enseguida empezó a tener problemas y tuvo que guardar reposo. Fue aterrador y sabía que no iba a ser fácil. Nació un mes antes de lo previsto y estuvo conectado a un respirador artificial. Nada de aquello fue fácil. Colocó recordatorios por toda la casa de las cosas *buenas* y *verdaderas* de su vida. Encontré esas listas en el baño, la cocina, el lavadero, etc. Esto le daba la perspectiva de que, aunque eran tiempos difíciles, no todo era duro. Había muchas cosas por las que estar agradecida y en las que pensar.

Moisés ordenó a los padres que pusieran copias del primer Gran Mandamiento (*Shemá*) por toda su casa para recordar a toda la familia que amaran al Señor, el verdadero líder de sus hogares. Ordenó: «Y las escribirás en los postes de tu casa, y en tus puertas» (Deut. 6:9).

Nótese que incluso las puertas de la ciudad (nuestro lugar de trabajo) debían tener este mandamiento como un recordatorio útil de quién era grande y estaba a cargo. Eso es pensamiento intencional, crianza y liderazgo. Como pastor, necesitas asegurarte de que la Palabra autoritativa de Dios está ayudando a informar tu vida diaria.

Estoy convencido de que la apatía es nuestro mayor enemigo cuando nuestra mente se adentra en lugares oscuros. La pasividad da a las imágenes e ideas del mundo un acceso sin obstáculos a nuestras mentes. No me oigas decir que nuestras mentes se centrarán en Dios simplemente teniendo pensamientos felices. Estamos en guerra y se nos han dado todas las herramientas que necesitamos para luchar contra la oscuridad.

Amar a Dios con toda nuestra mente es más que psicología popular; es teología bíblica sólida. Pablo dijo: «Porque la mentalidad de la carne es muerte, pero la mentalidad del Espíritu es vida y paz» (Rom. 8:6, RVR1977). Necesitamos poner (un trabajo activo) nuestras mentes en la obra de Dios. Lo que Él hace en nosotros y a nuestro alrededor es, con mucho, la obra más útil en la que podemos meditar.

No te rindas

Nuestra mente es un campo de batalla. Está sembrada de minas terrestres procedentes de nuestros deseos carnales arraigados en el ego y la autosatisfacción. El mundo y nuestro enemigo nos asaltarán con pensamientos de grandeza y acusaciones de inutilidad. Por eso debes centrar tu mente. Paul David Tripp escribió: «Nadie es más influyente en tu vida que tú, porque nadie te habla más que tú».[6]

Tú y yo no podemos amar al Señor con toda nuestra mente sin la ayuda del Espíritu Santo. Ahora mismo, tómate el tiempo necesario para someter tu pensamiento a Dios. Pídele a Jesús que renueve tu mente para que puedas terminar lo que Dios empezó en ti.

> Corramos con paciencia la carrera que tenemos por delante, puestos los ojos en Jesús, el autor y consumador de la fe, el cual por el gozo puesto delante de él sufrió la cruz, menospreciando el oprobio, y se sentó a la diestra del trono de Dios. Considerad a aquel que sufrió tal contradicción de pecadores contra sí mismo, para que vuestro ánimo no se canse hasta desmayar (Heb. 12:1b-3).

Si sospechas que estás sumido en la niebla de la depresión, resiste la tentación de autodiagnosticarte o automedicarte. En su lugar, pide ayuda a tu médico o a un profesional de la salud mental. Un lugar seguro para empezar es la Línea de Oración Pastoral de los Bautistas del Sur, dirigida por Enfoque a la Familia, donde puedes obtener una consulta gratuita y confidencial: 877-233-4455.

La resiliencia mental no es cruzar la línea de meta cojeando, sino acelerando. El autocuidado no es egocéntrico, es estratégico, así que haz lo que sea necesario para estar y mantenerte mentalmente sano.

CAPÍTULO 6

CON TODAS MIS FUERZAS

Disfruto viajar por Estados Unidos y el extranjero para servir a pastores, misioneros y seminaristas. Cuando vuelo, preveo la posibilidad de que un agente de la Administración de Seguridad en el Transporte (TSA, por sus siglas en inglés) rebusque en mis maletas durante una de sus inspecciones aleatorias de equipaje.

Aunque esto es molesto y puede resultar algo embarazoso, entiendo que es por un bien mayor. Además, el agente de la TSA siempre deja una tarjeta de cortesía en la bolsa explicando por qué todas mis cosas están desordenadas. Hasta ahora, he resistido la tentación de corresponder registrando aleatoriamente a los agentes de la TSA de turno.

Puede que en este capítulo te parezca que estoy revisando todas tus cosas privadas. Pero soy un alentador, no un inspector, así que debes saber que todo lo que escribo es con la intención de ayudarte, no de humillarle, con respecto a tu salud física.

No podemos elegir las partes del Gran Mandamiento que más nos gusten o con las que nos sintamos más cómodos, y amar a Dios *con todas nuestras fuerzas* nos lleva a algunas zonas delicadas del bienestar físico. Si nos esforzamos por amar a Dios con todo nuestro corazón, alma y mente, es lógico que también queramos amarle con todas nuestras *fuerzas*.

¿Por qué es más difícil hablar de nuestra salud física que de la espiritual o mental? Quizá porque nuestros motivos no siempre están claros. ¿Cuidamos nuestro cuerpo para vernos y sentirnos bien, o para honrar a Dios? ¿Son estos motivos mutuamente excluyentes? Mi objetivo no es ponerte en forma, porque el bienestar físico es algo más que estar en forma.

Hay muchas motivaciones admirables para cuidar nuestros templos, pero aquí destacaré mis cinco principales.

AMOR A MI SEÑOR

> Por lo tanto, hermanos, tomando en cuenta la misericordia de Dios, ruego que cada uno de ustedes, en adoración espiritual, ofrezca su cuerpo como sacrificio vivo, santo y agradable a Dios (Rom. 12:1, NVI)

El 8 de enero de 1956, Jim Elliot, misionero en Ecuador, se convirtió en un sacrificio en vida. Los indios amazónicos Auca con los que intentaba compartir el evangelio le quitaron la vida, así como a cuatro de sus compañeros de misión. La entrega total incluye tanto nuestros cuerpos como nuestros corazones, almas y mentes. La respuesta de adoración de Elliot a la misericordia de Dios fue entregar literalmente su vida en el altar de las misiones.

Una de las grandes afirmaciones que Jim Elliot hizo sobre su vida fue acerca de la belleza del sacrificio. Elliot escribió en su diario la frase célebre: «No es tonto aquel que da aquello que no puede conservar para ganar aquello que no puede perder».[1]

Creo que el punto de partida para amar a Dios con todas nuestras fuerzas es poner nuestros cuerpos sobre el altar de la adoración, como hizo Elliot. Nuestro sacrificio vivo no debe confundirse con el sacrificio corporal de Jesús, que fue para nuestra salvación. Nuestro sacrificio diario no es para nuestra salvación, sino para nuestra santificación.

En Romanos 12, el apóstol Pablo pasa de lo teológico a lo personal y práctico. Poner nuestros cuerpos sobre el altar significa que nos estamos entregando completamente, y en cierta medida literalmente, al Señor. La rendición es un acto cotidiano que implica a todo el ser, incluido el cuerpo físico.

Pablo recordó a la iglesia de Corinto que el cuerpo forma parte de nuestra relación de alianza con Dios. Escribió:

> ¿O ignoráis que vuestro cuerpo es templo del Espíritu Santo, el cual está en vosotros, el cual tenéis de Dios, y que no sois vuestros? Porque

> habéis sido comprados por precio; glorificad, pues, a Dios en vuestro cuerpo (1 Cor. 6:19-20).

Los pastores que aman a Dios con todas sus fuerzas estarán diariamente en el altar de la adoración.

AMOR POR MI ESPOSA

Mi matrimonio es otra motivación para mantenerme físicamente sano. Cuando le di el «sí, quiero» a Janet hace tres décadas y media, ¿le estaba dando mi corazón, mi alma, mi mente o mi cuerpo? ¡Le estaba dando los cuatro!

Dado que cedí los derechos exclusivos de mi cuerpo tanto a Jesús como a Janet, ellos son para mí fuentes diarias de motivación para cuidar de mi cuerpo.

El día de nuestra boda, juré públicamente a Janet que la amaría hasta mi último aliento. Me doy cuenta de que cuando termine mis votos no estaré tan sano ni tan guapo como cuando los pronuncié. No pasa nada, porque nuestros templos fueron diseñados para ser temporales. Aunque no le di garantías sobre mi fecha de caducidad, se dio por sentado que no la defraudaría acelerando mi salida. Si en mis últimos años caigo enfermo y paso a depender de Janet, confío en que ella me querrá *en la salud y en la enfermedad.* Aun así, no tengo intención de descuidar mi cuerpo ahora para que ella o nuestros hijos paguen la factura más adelante.

Pablo señala el aspecto de alianza de nuestros cuerpos cuando escribe:

> El marido cumpla con la mujer el deber conyugal, y asimismo la mujer con el marido. La mujer no tiene potestad sobre su propio cuerpo, sino el marido; ni tampoco tiene el marido potestad sobre su propio cuerpo, sino la mujer (1 Cor. 7:3-4).

El contexto original de 1 Corintios 7 era la pureza sexual. Estoy seguro de que no hay manera posible de que yo pueda engañar a Jesús o a Janet y salirme con la mía. Estos dos pactos son igualmente irrevocables en mi libro, así como su Libro donde el adulterio espiritual y el adulterio marital tienen grandes consecuencias.

Los chistes sobre Chuck Norris tienen gracia por la reputación que se ganó como actor y doble de acción, además de sus legítimas credenciales en artes marciales. Aunque es veinticinco años mayor que yo y cinco centímetros más bajo, no tengo aspiraciones de enfrentarme a él. En su libro *Contra viento y marea*, Norris escribe: «La gente me pregunta a menudo: "¿Cómo te mantienes en tan buena forma? La verdad es que debo trabajar para ello, como cualquier otra persona. Me levanto cada mañana y hago ejercicio físico; Gena y yo dedicamos tiempo cada día a leer la Biblia, a orar y a ejercitarnos en lo espiritual».[2]

No hay secretos ni atajos para mantenerse en forma. Puedo atestiguar que hacer ejercicio con tu cónyuge es una receta multitarea para una vida y un matrimonio sanos. Mi amor por Janet me impulsa a hacer todo lo posible para ser un buen administrador del cuerpo que Dios me dio.

AMOR POR MIS HIJOS

Me casé con una hija de predicador. Mi suegro, Gilbert Kendrick, cumplió hace poco noventa y dos años, y todavía monta en cuatriciclo, pesca, caza con ballesta y viaja por todo el país con mi suegra. Durante los últimos meses, ha estado ayudando a mi mujer a realizar proyectos de construcción en nuestra casa con grandes herramientas eléctricas. Mientras escribo esto, Gilbert y Joyce están pasando el verano en una caravana en el sur de las Montañas Rocosas, en Nuevo México, donde vive su otra hija.

Gilbert es un pastor que está terminando bien. Él y Joyce son maratonianos del ministerio que se han cuidado todos estos años, y todos estamos cosechando los beneficios. También han vivido dentro de sus posibilidades económicas, lo que les ha ayudado a disfrutar de esta temporada en lugar de soportarla. He tomado notas, y tú también deberías.

El personaje de Caleb, del Antiguo Testamento, es otra persona fuerte que me inspira. Tras cuarenta y cinco años de espera para poseer la tierra, este guerrero de ochenta y cinco años seguía sano y entusiasmado con su vida y su vocación. No solo sobrevivió a los otros hombres que espiaron la Tierra Prometida, sino que lideró con entusiasmo el avance para poseerla más de cuatro décadas después (Jos. 14).

De principio a fin, Caleb se dirigió bien a sí mismo y a los demás.

¿Te estás preparando hoy para terminar fuerte después? Vivamos de tal manera que podamos pastorear bien durante todos los días que Dios nos ha llamado a servir.

FUERZA PARA MI MINISTERIO

El ministerio requiere mucha energía. Cuando alguien pregunta cómo puede orar por mí, mi petición más común es «fortaleza». Actualmente compagino mi ministerio a tiempo completo para pastores con ser pastor interino, lo que deja muy poco margen para el descanso. Habiendo hecho esto tanto en Nashville como en Tulsa, puedo decir que ha sido al mismo tiempo estimulante y agotador. ¡Siento un respeto mucho mayor por los pastores multivocacionales!

Aunque nunca me canso de pastorear, a veces me canso de hacerlo. No siempre es fácil identificar el origen de mi fatiga pastoral. Los expertos nos dicen que no podemos separar nuestra salud física de nuestra salud espiritual, mental y emocional. Por ejemplo, a veces, cuando estoy agotado físicamente, me encuentro luchando contra pensamientos negativos.

Los líderes descansados y con energía suelen estar más motivados, centrados y son más agradables que sus homólogos. Los líderes agotados tienden a estar desmotivados, desconcentrados, poco fiables y de mal humor. Algunos de los que no se preocupan por su salud hacen bromas sobre el mal estado de su cuerpo.

Abundan los atajos energéticos que nos ayudan a dar el último esfuerzo o a cojear durante otra semana estresante. Mis atajos habituales son el azúcar y la cafeína. Si estos atajos se convierten en básicos, mi fortaleza dura poco.

> Más bien, pongo mi cuerpo bajo disciplina y lo hago obedecer; no sea que, después de haber predicado a otros, yo mismo venga a ser descalificado (1 Cor. 9:27, RVA2015).

> Corran ustedes de tal modo que reciban el premio (1 Cor. 9:24, DHH).

Como líderes, necesitamos ser buenos administradores de los dones y el ministerio que se nos ha dado. Romanos 12 no solo habla de rendir nuestros cuerpos, sino también de servir al Señor y a Su Iglesia con nuestros dones espirituales. La gracia que nos salvó es la misma gracia por la que servimos (1 Ped. 4:10).

AMOR A MI MISMO

Quizás la parte más olvidada del Gran Mandamiento sea amar al prójimo *como a uno mismo*. Es comprensible que a los ministros les resulte contraintuitivo hablar de amarnos a nosotros mismos.

Suena como algo del Dr. Phil, Dr. Oz, o incluso Dr. Seuss. Pero ya que nuestro Gran Médico cita estos Grandes Mandamientos, ¡debemos escuchar con atención!

No digo que para estar sano haya que ajustarse a los cánones de belleza occidentales. Muchos modelos de moda y atletas no son normales ni están sanos según los estándares de salud del índice de masa corporal (IMC). Nuestra cultura está obsesionada con la belleza física, lo que puede llevarnos por un peligroso camino de arrogancia e inseguridad. La belleza física se convierte en un ídolo para nosotros cuando nuestros templos se convierten en el centro de adoración en lugar de ser recipientes para la adoración. Recuerda que el objetivo principal es «[glorificar] a *Dios* en vuestro cuerpo» (1 Cor. 6:20, énfasis mío).

¿Es justo decir que si la vanidad es una respuesta extrema a la forma física, la apatía es su gemela malvada? ¿Por qué elegir entre vanidad y apatía? Rechacemos ambas.

Muchos de nosotros crecimos escuchando que «el ejercicio corporal para poco es provechoso» (1 Tim. 4:8). Así es como hablaban los británicos hace 400 años, pero se equivoca por completo en el inglés del siglo XXI. El tiempo presente del verbo «ejercitarse» en el griego original indica que tanto el entrenamiento espiritual como el físico deben ser una búsqueda de por vida para Timoteo, y para nosotros.

Otra forma de decir esto es que el entrenamiento físico es bueno, pero el entrenamiento para la piedad es mucho mejor. «Ejercitarse» (gr.*gumnasia*) también puede traducirse como «disciplina». El ejercicio tiene varios beneficios para motivarte además de la vanidad: más energía, menos antojos de comida, menos síntomas depresivos, mejor memoria.

Una forma de amarte a ti mismo es ser un administrador de la salud física. Dios creó tu cuerpo, así que prepárate para usarlo todos tus días para Sus propósitos.

LOS TRES PRINCIPALES DEBILITADORES DE LA FUERZA

El sexo, la comida y el trabajo son magníficos dones de Dios. También son algunos de los vicios más comunes contra los que luchan los líderes cristianos. Los pastores no están exentos de estas tentaciones. Por el contrario, incurrimos en un juicio más estricto cuando fracasamos debido al impacto público de nuestros testimonios para el reino (Sant. 3:1).

Juan nos señala tres puntos ciegos principales:

> No améis al mundo, ni las cosas que están en el mundo. Si alguno ama al mundo, el amor del Padre no está en él. Porque todo lo que hay en el mundo, *los deseos de la carne*, *los deseos de los ojos, y la vanagloria de la vida*, no proviene del Padre, sino del mundo. Y el mundo pasa, y sus deseos; pero el que hace la voluntad de Dios permanece para siempre (1 Jn. 2:15-17, énfasis mío).

Si nos tomamos en serio amar a Dios con todas nuestras fuerzas, debemos evitar que los deseos de la carne, los deseos de los ojos y el orgullo de las posesiones nos quiten la fuerza que necesitamos para servir a Dios y a los demás. Veamos a estos tres debilitadores de la fuerza.

La lujuria de la carne

Los *deseos de la carne* pueden describir muchos trastornos y adicciones modernos. La comida y la medicina a menudo se convierten en puntos ciegos para los líderes cristianos debido a sus evidentes beneficios. Sin embargo, demasiado (o poco) de algo bueno puede convertirse en algo malo.

Las pastillas recetadas pueden ser útiles o perjudiciales, dependiendo de cómo se tomen. Somos tan susceptibles a la adicción como los miembros de nuestra iglesia. «Me bebo medio litro de vodka cada noche para dormir», me dijo un pastor hace unas semanas. Los pastores no se libran de destrozar sus templos.

La lujuria de la carne describe una falta idolátrica de restricción para cualquier cosa que el cuerpo desee, cuando el cuerpo lo desee. Lujuria significa «deseos», que es una palabra neutra. Los dones de Dios (comida, sexo y similares) se convierten en vicio cuando se hace un mal uso de ellos. Los deseos sexuales son normales, pero sin reglas ni restricciones conducen a una inmoralidad peligrosa.

Nuestro apetito por la comida es natural, a menos que dejemos que nuestros apetitos se conviertan en dioses. Pablo describió a la gente mundana de esta manera: «Cuyo dios es el vientre, y cuya gloria es su vergüenza; que solo piensan en lo terrenal» (Fil. 3:19). Los líderes deben guardarse de las tentaciones de permitir que nuestros cuerpos tengan dominio sobre nuestro amor a Dios.

Los Centros para el Control y la Prevención de Enfermedades (CDC por sus siglas en inglés) dicen que el 68% de los adultos tienen sobrepeso o son obesos.[3] El Instituto Nacional de Salud define el *sobrepeso* como una circunferencia de cintura mayor o igual a 100 centímetros para los hombres u 87,5 centímetros para las mujeres.[4] Más que un asunto de vanidad, nuestra salud física es un asunto de riesgo sobre la longevidad de nuestro liderazgo. Amar a Dios con todas nuestras fuerzas no solo determina cómo terminaremos algún día, sino también cómo modelaremos la disciplina hoy.

La mayoría de las personas intentan perder peso haciendo ejercicio, pero fracasan porque no cambian su dieta. Un buen plan de ejercicio ni siquiera se acercará a acomodar un mal plan de alimentación. Los restaurantes y las tiendas de comestibles no van a ser necesariamente útiles para tus objetivos dietéticos. Debemos elegir intencionadamente leer las etiquetas y contar las calorías.

A Janet y a mí no nos gustan las dietas de moda ni los programas de entrenamiento populares. Mi plan de entrenamiento personal consiste en hacer dos sesiones de cardio y dos de fuerza a la semana. A veces los combino cuando no tengo tiempo para cuatro entrenamientos distintos. Las autoridades sanitarias recomiendan que los adultos realicen al menos dos horas y media a la semana de actividad física moderada (como caminar) y dos días de entrenamiento de fuerza.[5]

Puede que algunos de ustedes estén incapacitados por una enfermedad crónica, un accidente o algún otro problema físico, lo que dificultaría demasiado mis objetivos personales de forma física. Mis objetivos de salud, así como mi plan de alimentación y ejercicio, están adaptados a mi cuerpo, edad y temperamento, como deberían estarlo los tuyos. Comenta tus objetivos con tu médico antes de empezar cualquier programa de ejercicio, pero tómatelo como una cuestión seria para evitar la apatía en esta área del Gran Mandamiento.

Los deseos de los ojos

El 21 de febrero de 2019, estaba predicando a un grupo de pastores de Carolina del Norte en el Centro de Conferencias Ridgecrest cuando noté que alguien en la última fila levantaba torpemente la mano para interrumpirme. Acababa de saltar la noticia de que Billy Graham había fallecido en su casa de Montreat, Carolina del Norte, a los noventa y nueve años de edad. Fue una experiencia surrealista por varias razones: Graham estaba a menos de seis kilómetros de nosotros cuando murió; como ellos, era pastor de Carolina del Norte; y el tema sobre el que yo predicaba era «Acabar con fuerza». Algún día, en el cielo, espero agradecer a Billy Graham que terminara mi sermón de Ridgecrest con su oportuna salida, además de ilustrarlo con su testimonio de integridad.

Billy Graham fue un audaz evangelista mundial que reveló su mayor temor en una entrevista con David Frost: «Que haga algo o diga algo que desprestigie el evangelio de Cristo antes de irme. Y quiero que el Señor me aparte antes de que diga algo o haga algo que pueda avergonzar a Dios».[6]

Los pastores y los líderes deben orar y planificar por la pureza de los demás. Debemos hablar con valentía sobre los desafíos que enfrentamos de frente todos los días de la semana, no solo los domingos. Eso significa que estamos dispuestos a hablar de nuestras vidas y ayudarnos unos a otros a luchar y ganar las batallas más duras de la vida contra la lujuria.

Pablo escribió en Romanos:

> Sabemos que nuestra vieja naturaleza pecaminosa fue clavada en la cruz junto con Cristo; de esta manera, ya no está bajo el dominio del pecado, ni tiene que someterse a la esclavitud del pecado... No dejen que el pecado domine su cuerpo mortal; no lo obedezcan siguiendo sus malos deseos. No entreguen ninguna parte de su cuerpo al pecado para que se convierta en instrumento del mal. Más bien, entréguense por completo a Dios, como quienes ya han muerto y han vuelto a vivir. Y preséntenle sus miembros como instrumentos para la justicia (Rom. 6:6, 12-13, NBV).

Los cristianos han elegido un bando en una guerra espiritual invisible. Aunque nuestra victoria eterna ha sido asegurada en la resurrección de Jesús, nuestra batalla diaria contra el pecado y Satanás continúa aquí en nuestros cuerpos terrenales.

Si estás luchando contra la tentación sexual, ¡no te desanimes! No tienes que quedarte como estás y no tienes que luchar esas batallas solo. Encuentra a alguien, además de tu cónyuge, que te ayude a ser y mantenerte moralmente puro. No estás condenado al fracaso, «porque el pecado no se enseñoreará de vosotros» (Rom. 6:14).

El orgullo de poseer

Amar a Dios con todas nuestras fuerzas tiene varias implicaciones para nuestra iglesia. Los pastores suelen estar predispuestos a trabajar duro, ¡lo cual es bueno! Creo que nuestras identidades están divinamente diseñadas para estar intrínsecamente conectadas con nuestras vocaciones. Debemos tener un sano interés en nuestro trabajo, pero hay una línea idolátrica que podemos cruzar fácilmente cuando nuestras ambiciones se convierten en adicciones.

Como pastores, podemos desarrollar celos por las posesiones de otros. Estas posesiones pueden ser la riqueza de un empresario local, o el crecimiento de una iglesia que otro pastor está experimentando. Nuestro «éxito» no siempre se mide por las cosas que se pueden tocar y registrar en un informe. Necesitamos tener vidas que estén llenas de amor por Dios y amor por los demás.

Muchos líderes ministeriales están convencidos de que el estrés excesivo es el precio inevitable del éxito. Estar de guardia 24 horas al día, 7 días a la semana se considera una estrategia de supervivencia para las personas que quieren ascender en la empresa o en el ministerio. Los pastores se sienten obligados a responder a todas las llamadas, mensajes de texto, correos electrónicos e interacciones en las redes sociales en cuanto los reciben. El efecto tóxico de estar de guardia todo el tiempo acabará desgastándote física, emocional, mental y espiritualmente.

Otros han descubierto que el precio del éxito a menudo compensa sus ventajas, por lo que se esfuerzan por evitar por completo la trampa del trabajo. Hay que decir que no todo el estrés del ministerio es tóxico. El estrés también puede ser algo bueno cuando sirve para motivarnos a cumplir un plazo o proteger a un ser querido. Cuando el estrés se convierte en la norma en lugar de la excepción, contribuye a la hipertensión, las enfermedades cardiacas, la obesidad, la diabetes, la depresión, los paros cardiacos, el insomnio y muchos otros problemas de salud. El trabajador promedio estadounidense se toma una semana menos de vacaciones ahora que en el año 2000, y el 55% de los trabajadores se niega a utilizar todo el tiempo libre remunerado que le ofrece su trabajo.[7] Los pastores estresados suelen ser pastores insomnes, porque el estrés es la causa más común del insomnio.[8]

Espero que esto haya sido algo más que una charla sobre la gestión del tiempo. También sobre la gestión de la vida.

RESPUESTA

Si quieres recuperar tu vida, debes responder a estas importantes preguntas:

- ¿Tu ministerio te está dando gloria a ti mismo o a Dios? ¿Estás dispuesto a hacer cambios hoy que te ayudarán a terminar bien después?
- ¿Qué puedes hacer este mes para honrar a Dios con tu cuerpo? Comparte esa meta con alguien que te ame y que también pueda necesitar ánimo en esta área de su vida.

CAPÍTULO 7

EVALUAR Y APLICAR

Concluyamos la primera sección de este libro pasando del modo de evaluación al modo de aplicación.

Puesto que amar a Dios con el 100% de nuestro corazón, alma, mente y fuerzas es lo que más desea de nosotros, no debería sorprendernos que algo menos lo decepcione. En realidad, «decepcionar» se queda corto. Una respuesta tibia al amor de Dios de alguna manera enferma a Dios. Cuando una iglesia del primer siglo demostró un amor tibio por Dios, Jesús dijo: «Pero por cuanto eres tibio, y no frío ni caliente, te vomitaré de mi boca» (Apoc. 3:16).

¡Cómo amamos a Dios es obviamente muy importante para Él!

Sus expectativas de relación son las mismas para nosotros hoy. Jesús no solo quiere ser el primero en nuestras vidas e iglesias, sino que lo exige.

Es importante entender que esta famosa reprimenda gráfica a la iglesia de Laodicea estaba motivada por un amor ardiente de pacto. Por lo regular no es eficaz exigir amor a alguien, pero la reprimenda de Jesús fue una llamada al arrepentimiento y a la restauración de esta iglesia en concreto.

La carta a los laodicenses termina con esta exhortación:

«Yo reprendo y castigo a todos los que amo; sé, pues, celoso y arrepiéntete. He aquí, yo estoy a la puerta y llamo; si alguno oye mi voz y abre la puerta, entraré a él, y cenaré con él, y él conmigo» (Apoc. 3:19-20).

¿Ves el dramático contraste entre Jesús vomitándolos por la boca y cenando con ellos? Ese contraste nos recuerda lo importante que es tener una evaluación precisa de nuestra salud espiritual.

Los cristianos de Laodicea vivían en una de las ciudades más lucrativas de Asia, pero habían subestimado enormemente su pobreza espiritual, así como su madurez espiritual. Dios los describió de esta manera: «Porque tú dices: Yo soy rico, y me he enriquecido, y de ninguna cosa tengo necesidad; y no sabes que tú eres un desventurado, miserable, pobre, ciego y desnudo» (Apoc. 3:17).

En este punto del libro, debo advertirte que las autoevaluaciones a menudo pueden ser engañosas, especialmente para los pastores. A veces somos una tribu de optimistas poco realistas. Los investigadores lo llaman «efecto halo».[1] No es intencionado por nuestra parte, pero ver el vaso medio lleno no siempre es exacto ni útil. Otros líderes ministeriales luchan con el pesimismo debido al drama dentro de nuestros propios corazones, hogares y congregaciones.

Si te tomas en serio tu propio desarrollo espiritual, pide ayuda a alguien que no se deje impresionar ni intimidar por ti. Todo pastor necesita ser pastoreado, así que ¿quién está pastoreando tu alma hoy? Si ya tienes a alguien en tu vida que te va a hablar con la verdad sin tapujos pero sin desfigurarte, ¡entonces dale gracias a Dios por él!

RETO DE TREINTA DÍAS

Quiero que consideres hacer algunos cambios prácticos durante los próximos treinta días, que te ayudarán a que tu amor por el Señor siga creciendo. El *Shemá* es una invitación a comprometernos con nuestro amor a Dios. Cada uno de estos cuatro componentes del Gran Mandamiento te da la oportunidad de hacer un compromiso tangible de treinta días.

Amaré a Jesús con todo mi corazón.

Jesús no está golpeando los corazones de los incrédulos en el pasaje de Apocalipsis 3. Él estaba claramente llamando a esa iglesia al arrepentimiento y a la restauración. Los líderes que quieren tener un verdadero avivamiento en su iglesia deben comenzar por tener un verdadero arrepentimiento en su corazón. Debe comenzar en este lugar profundo de nuestras vidas:

> Amarás al Señor tu Dios con todo tu corazón...Y estas palabras que yo te mando hoy, estarán sobre tu corazón» (Deut. 6:5-6, LBLA).

Convierte los siguientes versículos en oraciones y permite que Dios reclame el papel que le corresponde como Señor y amor de tu vida, luego escribe tu compromiso de treinta días.

> Dame integridad de corazón para temer tu nombre. Señor mi Dios, con todo el corazón te alabaré (Sal. 86:11b-12a, NVI).

> «Daré mi ley en su mente, y la escribiré en su corazón; y yo seré a ellos por Dios, y ellos me serán por pueblo» (Jer. 31:33b).

> «Por lo cual, este es el pacto que haré con la casa de Israel después de aquellos días, dice el Señor: Pondré mis leyes en la mente de ellos, y sobre su corazón las escribiré; y seré a ellos por Dios, y ellos me serán a mí por pueblo» (Heb. 8:10).

Salomón dijo: «Probemos y examinemos nuestros caminos y volvamos al Señor» (Lam. 3:40, NTV). El *Shemá* nos pregunta si somos íntegros, empezando por nuestro corazón. El «mandamiento más importante» nos obliga a hacernos la pregunta más importante de nuestras vidas: ¿Amo a Jesús con *todo* mi corazón?

En los próximos treinta días rendiré mi corazón sin división alguna al reunirme con Jesús diariamente (escribe una hora y un lugar):

____

Amaré a Jesús con toda mi alma.

¿Necesita tu vida interior una reorganización? Aunque mi corazón es la parte eterna de mi vida que está totalmente redimida, mi alma (vida) necesita constantemente ser restaurada, renovada y refrescada.

La mayoría de los salmos del rey David eran cantos de lamento que revelaban la tristeza de su alma, pero también permitió que Dios restaurara su alma en verdes praderas y junto a aguas tranquilas (Sal. 23:3). ¿Dónde están los «verdes pastos» que restauran tu alma, y cuándo los visitaste por última vez?

Mi alma se eleva en los robles con vistas a las verdes parcelas de comida para ciervos con un arco colgado a mi lado. Gran parte de este libro se escribió en un puesto en algún lugar de Tennessee, Arkansas o Kansas. El alma de Janet se refresca en los viajes con mochila a través de las cadenas montañosas. ¿Hay algo que te guste hacer y que hayas estado posponiendo?

Hoy mismo he recibido este correo electrónico de un pastor amigo: «He estado de vacaciones y me he desconectado. ¡Lo mejor que he hecho por mí mismo en mucho tiempo!». Déjame decirte lo que muchos pastores se niegan a aceptar: la iglesia sobrevivirá mientras tú estés de vacaciones.

El alma de María experimentó alegría y tristeza: alegría al principio por la noticia de su embarazo: «Mi alma alaba la grandeza del Señor» (Luc. 1:46, DHH), y tristeza por la noticia de la muerte inminente de su hijo, que «traspasaría» su alma (Luc. 2:35). Tener el alma turbada no es un pecado. Es un signo de humanidad.

Jesús prometió descanso a toda alma que pida su ayuda: «Venid a mí todos los que estáis trabajados y cargados, y yo os haré descansar...para vuestras almas» (Mat. 11:28-29). ¿Cuándo fue la última vez que revelaste la condición actual de tu alma al Señor o a un amigo?

En los próximos treinta días permitiré que Jesús restaure y refresque mi alma mediante (una persona/evento que te ayude a recargarte este mes):

____

Amaré a Jesús con toda mi mente.

Si estás luchando con pensamientos negativos constantes, deberías considerar la posibilidad de hablar con un pastor, un médico o un terapeuta al respecto. Se necesita una dosis igual de fe y humildad para que un líder pida ayuda. Sócrates lo dijo muy bien:

«Una vida no examinada no merece la pena ser vivida».

Examinar con qué alimentas tu mente es siempre tiempo bien empleado. A veces es difícil amar al Señor con toda nuestra mente cuando estamos expuestos a tantos medios inútiles. ¿Qué podrías hacer para proteger tu mente de imágenes y mensajes que te apartan de tu primer amor? «Sean transformados mediante la renovación de su mente» (Rom. 12:2, NVI).

Haz un inventario de tus pensamientos esta semana para ver cuáles son verdaderos, útiles o esperanzadores. Considera la posibilidad de ayunar de medios de comunicación o redes sociales y llena el tiempo extra con un libro clásico de tu lista de lectura.

En los próximos treinta días le pediré a Jesús que renueve mi mente con (¿qué puedo añadir o quitar durante un mes?):

____

Amaré a Jesús con todas mis fuerzas.

Puesto que nuestros cuerpos son templos del Espíritu Santo (1 Cor. 6:19-20), ¿no es lógico que también debamos cuidarlos? Presentar nuestros cuerpos como sacrificio espiritual es un acto personal de adoración amorosa (Rom. 12:1). Así que tómate unos minutos para evaluar la administración de tu cuerpo.

Como pastores, debemos examinar nuestros patrones de conducta y preguntarnos si coinciden con nuestras prioridades espirituales. La comida, el alcohol, las drogas y la lujuria sexual nos tientan. Todos sabemos que el ministerio es agotador, pero ¿qué podemos hacer para alejarnos de las asechanzas a nuestros cuerpos?

En los próximos treinta días honraré a Dios con mi cuerpo (objetivos de salud específicos y realistas):

MIS OBJETIVOS PERSONALES

Para ayudarte a mentalizarte sobre este reto de treinta días, quiero compartir mis cuatro objetivos del Gran Mandamiento para este año (no mes):

1. **Objetivos de salud espiritual** (*corazón*): leer siguiendo un plan bíblico de tres años. Escribir un diario al menos una vez a la semana. Memorizar Efesios 3:17-21.
2. **Objetivos de salud emocional** (*alma*): mantener una conversación diaria con mi mujer y salir con ella al menos dos veces al mes. Conectar semanalmente con mis hijos y mi

madre (por teléfono o en persona). Hacer una salida mensual con amigos.

3. **Objetivos de salud mental** (*mente*): leer dos libros al mes, uno de ellos un clásico. Hablar dos veces al mes con mi mentor y mi compañero de rendición de cuentas. Participar en ayunos trimestrales en las redes sociales.
4. **Objetivos de salud física** (*fuerza*): realizar dos entrenamientos de cardio y dos de fuerza a la semana de al menos treinta minutos cada uno. Mantener un peso máximo de X kilos (X = ¡no es asunto tuyo!).

CAPÍTULO 8

¿QUIÉN ES MI PRÓJIMO?

El hecho de que hayas leído hasta esta segunda sección del libro sugiere que eres alguien que termina lo que empieza. También sugiere que te tomas en serio tanto los Grandes Mandamientos como la Gran Comisión, que como bien sabes están intrínsecamente relacionados.

Hasta ahora nos hemos centrado en el primer gran mandamiento: amar a Dios. Esta segunda sección del libro se centrará en el segundo gran mandamiento: amar al prójimo.

> El segundo [mandamiento] es: Amarás a tu prójimo como a ti mismo (Mar. 12:31).

Me parece interesante que, aunque el curioso escriba solo le pidió a Jesús el mandamiento principal, Jesús respondió a una pregunta que el escriba no le hizo añadiendo este segundo mandamiento completamente diferente. Jesús estaba revelando la otra cara de la moneda del gran mandamiento que buscaba el escriba.

Ambos mandamientos fueron introducidos inicialmente por separado por Moisés 1500 años antes de que Jesús los combinara. El primer mandamiento de *amar a Dios* fue introducido originalmente en Deuteronomio 6 cuando Moisés se preparaba para entregar el liderazgo de los hebreos a Josué.

El segundo mandamiento de *amar al prójimo* también fue introducido por Moisés, pero en una parte diferente de la Torá: Levítico19. Hasta donde saben los eruditos, ningún rabino o maestro anterior a Jesús había combinado Levítico 19:18 y Deuteronomio 6:5. Esto se ha convertido en una brillante síntesis de toda la Biblia, de la que depende cada versículo. Jesús condensó eficazmente las Escrituras en una doble afirmación del tamaño del eslogan de una empresa:

Ama a Dios... ama a tu prójimo.

La conclusión es que Dios nos amó primero, y luego nos dio la capacidad de amarle a Él y a nuestro prójimo. Sin nuestro amor a Dios, nuestra capacidad de amar al prójimo estaría limitada por nuestra humanidad.

El amor al Gran Mandamiento es el pegamento que une cada página de la Escritura a su Autor.

Es esencial no sacar los Grandes Mandamientos de su orden previsto. Ambos tienen peso, pero no el mismo. Una traducción errónea de la Biblia dice: «El segundo [mandamiento] es igualmente importante» (Mar. 12:31, NTV). El segundo mandamiento es muy importante; sin embargo, sin el primero, amar al prójimo no es más que humanismo.

Estos dos mandamientos se convirtieron en la regla de oro para los apóstoles y seguidores de Jesús en el siglo I (Mat. 22:37-38; Mar. 12:30; Luc. 10:27; Juan. 13:34-35; Rom. 13:8-10; Gál. 5:14; Sant. 2:8-11 y 1 Jn. 4:19-20). No solo son un resumen sucinto de las Escrituras, sino también su cumplimiento según el apóstol Pablo. Al escribir a la iglesia de Roma, afirmó:

> Los mandamientos: «No adulterarás», «no matarás», «no hurtarás», «no dirás falso testimonio», «no codiciarás», y cualquier otro mandamiento, se resume en esta sentencia: «Amarás a tu prójimo como a ti mismo.» El amor no hace daño a nadie. De modo que el amor es el cumplimiento de la ley (Rom. 13:9-10, RVC).

En el fondo, soy pragmático, no teórico. Espero que dejes este libro haciendo algo más que asentir con la cabeza. Quiero inspirarte para que ames de verdad a tu prójimo desde el desbordamiento de tu amor por tu Padre.

EL BUEN SAMARITANO

Si no estás seguro de quién es tu «prójimo», estás en buena compañía. Según la versión de Lucas de la conversación sobre el Gran Mandamiento, aquel brillante escriba tampoco lo sabía. Cuando preguntó a Jesús: «¿Y quién es mi prójimo?» (Luc. 10:29), la respuesta de Jesús vino en forma de la que quizá sea la parábola más conocida de la Biblia sobre el Buen Samaritano.

Dado que esta historia tan familiar es el comentario de Jesús sobre el segundo gran mandamiento, creo que merecería la pena que la leyeras con ojos nuevos y el corazón abierto.

> Respondiendo Jesús, dijo: Un hombre descendía de Jerusalén a Jericó, y cayó en manos de ladrones, los cuales le despojaron; e hiriéndole, se fueron, dejándole medio muerto. Aconteció que descendió un sacerdote por aquel camino, y viéndole, pasó de largo. Asimismo un levita, llegando cerca de aquel lugar, y viéndole, pasó de largo. Pero un samaritano, que iba de camino, vino cerca de él, y viéndole, fue movido a misericordia; y acercándose, vendó sus heridas, echándoles aceite y vino; y poniéndole en su cabalgadura, lo llevó al mesón, y cuidó de él. Otro día al partir, sacó dos denarios, y los dio al mesonero, y le dijo: Cuídamele; y todo lo que gastes de más,

> yo te lo pagaré cuando regrese. ¿Quién, pues, de estos tres te parece que fue el prójimo del que cayó en manos de los ladrones? Él dijo: El que usó de misericordia con él. Entonces Jesús le dijo: Ve, y haz tú lo mismo (Luc. 10:30-37),

Jesús amplía nuestra definición occidental de *prójimo* para incluir algo más que la persona que vive a nuestra distancia. Enseña que un prójimo es cualquiera que necesite nuestra ayuda. Algunos de nuestros vecinos más necesitados viven al otro lado de la calle, mientras que muchos más viven al otro lado del mundo.

El Buen Samaritano se ha convertido en un símbolo no oficial del servicio desinteresado y humanitario. Los premios al Buen Samaritano suelen concederse a voluntarios ejemplares, donantes generosos y ciudadanos heroicos. Incluso tenemos una Ley del Buen Samaritano que ofrece protección legal frente a la responsabilidad de quienes ayudan a otros que lo necesitan.

Mi iglesia natal, Green Acres Baptist Church, de Tyler, Texas, patrocina un Centro de Ayuda al Buen Samaritano, que tiene un nombre muy apropiado. El personaje ficticio de la parábola de Cristo ha alcanzado un legado casi de superhéroe.

Para quienes siguen a Cristo, la historia del Buen Samaritano no solo debía inspirarnos un altruismo desinteresado. El Gran Mandamiento que ilustra esta parábola es la raíz de nuestro manifiesto misionero de la Gran Comisión. La sencilla parábola de Jesús hace saltar por los aires nuestra definición convencional de *prójimo*, junto con nuestra responsabilidad por su bienestar.

LOS DON NADIE

Para el judío del siglo I, la idea de un «Buen Samaritano» era ridícula. La frase era un oxímoron para ellos. Era como si usted o yo dijéramos, *camarón jumbo, encontrado perdido, o silencio ensordecedor*.

Samaria estaba en el centro del país y se convirtió en una región de pluralismo cultural. Los hebreos conservadores (judíos) consideraban a los samaritanos mestizos étnicos y religiosos: parte judíos (hebreos; israelíes nativos) y parte asirios (iraquíes étnicos). Sus títulos y pedigríes eran mal vistos por la clase dirigente religiosa de Jerusalén. Cinco siglos antes, la némesis de Esdras y Nehemías fue otro samaritano infame llamado Sanbalat.

Tanto abogado como teólogo, el inquisitivo escriba era un experto en derecho civil y religioso, que eran prácticamente inseparables en aquella cultura. Como la mayoría de nosotros en el ministerio, se habría identificado con el sacerdote y el levita de la parábola de Jesús, ya que todos ocupaban diferentes lugares en la misma escala social de la élite hebrea. También habrían mantenido en común su odio hacia los samaritanos.

El escenario del Buen Samaritano era el camino de Jericó, notoriamente empinado y peligroso. Con un desnivel de 1006 metros (3300 pies) desde Jerusalén hasta Jericó (17 millas; 27 km), era el escenario perfecto para una emboscada. Esto lo habría hecho más interesante y creíble.

También era creíble la apatía del sacerdote y el levita, que pasaban junto a su vecino mestizo sin siquiera mirarlo. Tenían prisa por llegar a Jerusalén para cumplir con su turno en el templo. No tenían tiempo para los vecinos necesitados, especialmente los que les desagradaban.

Para los dirigentes judíos de la época de Jesús, los samaritanos eran unos «don nadie».

EL HÉROE

Cuando Jesús, un rabino sin credenciales, convirtió a un samaritano en el héroe de Su parábola, el factor de vergüenza de la multitud se disparó. En lugar de ver a los samaritanos o a los gentiles como sus vecinos, solo veían a indeseables y enemigos. Parece que los habitantes del primer siglo de Israel tenían tantos problemas para convivir con sus vecinos como los que siguen teniendo sus antepasados en el Israel actual.

El objetivo principal de esta parábola hoy en día serían los líderes modernos de la iglesia como nosotros. Tanto pastores como líderes laicos deberíamos vernos a nosotros mismos como potenciales «don nadie» en esta parábola. Fuimos el blanco de la mordaz historia de Jesús. Aquellos que sirven en la primera línea del ministerio a menudo encuentran difícil encontrar amigos no salvos fuera de nuestras iglesias. Sin embargo, un pastor saludable y enfocado aprenderá a amar y conectarse con los perdidos.

Nunca he conocido a un pastor del Gran Mandamiento que no fuera también un pastor de la Gran Comisión, pero lo contrario no es siempre el caso.

Si amamos a Jesús, amaremos a los que Él ama. Esta parábola pretende recordarnos que toda persona es portadora de una imagen que es objeto del amor de Dios. Nos ayuda a comprender cómo amar a nuestro prójimo, e incluso a nuestros enemigos, tanto a nivel emocional como práctico. Al colocar al samaritano como héroe de la historia, Jesús mostró una nueva forma de ver cómo amar al prójimo.

AMOR ENTRAÑABLE

El Buen Samaritano *tuvo compasión* de este forastero, y luego Jesús nos dijo que hiciéramos lo mismo en Lucas 10:37. La palabra griega para *compasión* es la misma que se utiliza para describir lo que sintió el padre en la parábola del hijo pródigo. Esta palabra griega da la idea de que a alguien se le revuelven las entrañas: un amor entrañable.

La compasión es un fuego interior que nos impulsa a la acción exterior. Nos hace llorar cuando nos involucramos en el dolor ajeno. Permite que los problemas de los demás se conviertan en nuestros problemas. La compasión crecerá con el tiempo cuando su fuente sea la persona del Espíritu Santo que vive en nosotros.

Amar a nuestro prójimo con compasión no significa automáticamente que amemos a Dios. Muchos no creyentes son realmente compasivos. Pero si amamos a Dios por completo, como exige el primer mandamiento, de ello se derivará de forma natural un auténtico amor al prójimo según el segundo mandamiento.

El apóstol Juan nos recuerda que a veces los vecinos a los que estamos llamados a amar son nuestros hermanos espirituales. Él dijo:

> Nosotros le amamos a él, porque él nos amó primero. Si alguno dice: Yo amo a Dios, y aborrece a su hermano, es mentiroso. Pues el que no ama a su hermano a quien ha visto, ¿cómo puede amar a Dios a quien no ha visto? Y nosotros tenemos este mandamiento de él: El que ama a Dios, ame también a su hermano(1 Jn 4:19-21).

El amor nos obliga a amar a nuestro prójimo, cercano y lejano. Si nuestro amor no se extiende por todo el mundo, puede que no provenga del corazón de Dios. La prueba de que nuestro amor por Dios está creciendo es que nuestro amor por los más pequeños, los últimos y los perdidos crece a un ritmo similar.

AMOR A PIE DE CALLE

Ese Buen Samaritano prestó primeros auxilios a su prójimo, luego lo llevó en coche y le dio una habitación. ¿Pidió ayuda la víctima al samaritano? No. ¿Se esperaba que lo hiciera? No. Pero como ejemplo, Jesús nos dijo que fuéramos y hiciéramos lo mismo. Juan lo dijo de esta manera: «En esto hemos conocido el amor, en que él puso su vida por nosotros; también nosotros debemos poner nuestras vidas por los hermanos» (1 Jn. 3:16). El verdadero amor es un amor activo.

Si tu iglesia o grupo pequeño se da cuenta de una necesidad en tu iglesia o comunidad, no te limites a arrojar dinero al problema, ensúciate las manos como hizo el samaritano. Si un grupo de discipulado solo estudia la Biblia y nunca sirve a la comunidad, ¿qué diferencia hay entre ellos y los escribas y fariseos?

> No te niegues a hacer el bien a quien es debido, cuando tuvieres poder para hacerlo. No digas a tu prójimo: Anda, y vuelve, y mañana te daré, cuando tienes contigo qué darle (Prov. 3:27-28).

En Nueva York, un estudiante de diecinueve años tuvo un ataque y cayó a las vías cuando se acercaba un tren de metro. Wesley Autrey, de cincuenta años, saltó heroicamente a las vías del metro para cubrirlo y le dijo: «No te muevas o nos matarás a los dos».[1] Los verdaderos héroes no se quedan de brazos cruzados viendo cómo sus vecinos sufren o mueren. Saltan e intentan ayudar.

Un miembro del equipo de la Madre Teresa se sintió abrumado en la misión de Calcuta y le dijo: «¿Cómo espera alimentar a todas las personas hambrientas que acuden a su misión?». La célebre respuesta de ella fue: «De boca en boca».[2] Te remito una vez más a Juan, que escribió: «Hijitos míos, no amemos de palabra ni de lengua, sino de hecho y en verdad» (1 Jn. 3:18).

NUESTROS TRES VECINDARIOS

He clasificado a nuestros *prójimos* en tres grupos de relaciones, que llamaré *vecindarios*. Cada vecindario se presentará en función de su proximidad e importancia para ti. Todo el mundo en tu vida es igual de importante para Dios, pero espero que no todo el mundo sea igual de importante para ti porque, bueno, tú no eres Dios.

Todos necesitamos un empujón que nos ayude a identificar cuáles son nuestras prioridades. Dios no es silencioso ni sutil sobre quién merece primero nuestro tiempo y nuestra atención. Quiero animarte a recorrer con valentía estos últimos capítulos. Léelos con atención y con intención. Puede que alguien en su vida necesite bajarse de su nube o ser exaltado. ¿Por qué? Puede que haya que reordenar sus prioridades.

NUESTRO VECINDARIO FAMILIAR

Nuestro vecindario familiar incluye a nuestras familias, ya sean biológicas o adoptivas, y a nuestras familias nucleares, que por supuesto te incluyen a ti. Los líderes eclesiásticos están incapacitados para dirigir nuestras iglesias a menos que podamos dirigir primero nuestras propias vidas y familias (1 Tim. 3).

Incluso aquellos de ustedes que no son pastores necesitan entender lo que está en juego para su pastor para que puedan apoyar la visión de Dios para su vida y ministerio.

En este sentido, los diáconos tienen exactamente las mismas expectativas que los pastores y los ancianos, excepto en lo que respecta a la enseñanza. Los líderes sanos de la iglesia dirigirán familias y ministerios sanos, razón por la cual el bienestar pastoral y la resiliencia comienzan en casa.

NUESTRO VECINDARIO DE LA AMISTAD

Nuestro vecindario de amistades incluye nuestro círculo íntimo de relaciones. Esto incluye a menudo los miembros de la iglesia y el personal, así como amigos fuera de nuestro ministerio.

En la jerarquía de relaciones de Dios, siempre hay presión para estar cerca de todos para que no seamos culpables de favoritismo. Hablaremos de algo más peligroso que el favoritismo en el capítulo 10: el aislamiento. Muchas parejas ministeriales caminan solas por la vida y el ministerio, lo cual es insalubre, innecesario, antibíblico e insostenible para aquellos que esperan terminar lo que Dios comenzó.

NUESTRO VECINDARIO GLOBAL

Nuestro vecindario global se centra en los que no van a la iglesia, los que no son salvos y los que no son amados, tanto cerca como lejos. Un pastor del Gran Mandamiento siempre será un líder de la Gran Comisión porque amará a aquellos a quienes Jesús amó: los pecadores. Ya que Jesús *era amigo de los pecadores*, debemos seguirlo en este trabajo.

A medida que crece nuestro amor por Dios, se desborda inevitablemente el amor por el prójimo. Prepárate para que tus relaciones terrenales sean reexaminadas y quizás reorganizadas a través de la lente perfecta de las Escrituras.

Necesitamos más iglesias de la Gran Comisión dirigidas por pastores del Gran Mandamiento. ¿Estás listo para responder a ese llamado?

CAPÍTULO 9

MI VECINDARIO FAMILIAR

Hace unos años llevé a mi hijo Brad a visitar a mi primo Perry, que es un exitoso director de televisión en Hollywood, California. Perry nos compró habitaciones en el Hollywood Hilton y nos invitó a restaurantes de lujo con servicio de valet parking. Nos llevó a los estrenos de películas en famosos teatros de Hollywood y nos consiguió pases VIP para Disneylandia. Esos pases valieron cada céntimo del dinero de mi primo. No tuvimos que esperar en cola para una sola atracción o espectáculo en todo el día.

A Brad y a mí nos encantó todo ese viaje. ¿A quién no le gusta que lo traten como a un VIP?

Cuando volvimos a casa, nadie nos estacionó el coche ni nos trajo comida gratis. Una vez más, tuvimos que hacer fila y limpiar nuestras habitaciones como el resto de la élite ajena a Hollywood.

A todo el mundo le gusta que lo traten como a un VIP, pero si todo el mundo es un VIP, ¿es alguien realmente un VIP?

La Palabra de Dios es muy clara en cuanto a la prioridad de la familia del ministro: ellos son nuestros VIP (1 Tim. 3; Tit. 1). En este capítulo, navegaremos a través de las relaciones dentro de nuestro vecindario familiar y cómo se relacionan con nuestro ministerio.

Si vives en un entorno familiar mixto, estos principios bíblicos se aplican a tu vecindario tanto como al mío. Considera a cualquiera que comparta tu casa, tu nombre o tu presupuesto como parte de tu vecindario familiar, y ámalos como Jesús lo haría… como VIPs.

REINA DEL CASTILLO

Las bodas están concebidas como una celebración del amor matrimonial. Son un buen punto de partida para declarar que se amará al cónyuge durante toda la vida. Las bodas son también oportunidades para establecer tanto una exaltación (tu cónyuge) como todo en su debido lugar (todos los demás).

Me encanta cómo la Biblia simplifica y aclara mis prioridades en las relaciones: Jesús es mi primer amor, y Janet el segundo. No tengo que pensar demasiado en este orden divino. Nuestros hijos y parientes son los siguientes, pero ninguno de los dos ocupará nunca los primeros puestos.

VECINO = aquel más cercano

Janet es literalmente mi vecino más cercano. Me esfuerzo por asegurarme de que sepa que no habrá competencia de nadie más, ni siquiera de nuestra propia familia y ministerio.

Janet y yo tenemos el privilegio de animar a las parejas del ministerio y hemos hablado en aproximadamente 100 eventos de matrimonios del ministerio en los últimos ocho años. En cada evento hago esta pregunta:

¿Conoce alguna otra profesión en el planeta que requiera que alguien gane tanto en el trabajo como en casa?

Las Escrituras no dan permiso a los ministros para ser estupendos en la iglesia y horribles en casa. Intentamos ayudarles a tener éxito en casa y en la iglesia porque Dios exige que los pastores dirijan bien ambas cosas (1 Tim. 3:4; Tit. 1:6). Las parejas de diáconos *también* viven con esta expectativa, aunque con menos escrutinio público. A un pastor o a un anciano se les demanda:

> Que *gobierne* bien su casa, teniendo a sus hijos sujetos con toda dignidad (pues si un hombre no sabe cómo *gobernar* su propia casa, ¿cómo podrá cuidar de la iglesia de Dios?)... Que los diáconos sean maridos de una sola mujer, y que *gobiernen* bien sus hijos y sus propias casas (1 Tim. 3:4-5, 12, el énfasis es mío).

A veces el término *gobernar* se traduce por «dirigir», como en el caso del don espiritual de liderazgo (Rom. 12:8).

El punto principal de este pequeño estudio de palabras es recordarte que cuando aceptaste el llamado a dirigir un ministerio, también aceptaste la responsabilidad de dirigir o manejar a tu familia y a ti mismo (1 Tim. 4:16). No busques en la habitación a alguien más responsable que tú por la salud y resiliencia de tu vida, familia y ministerio. No arreglarás un problema hasta que primero lo veas y te adueñes de él.

¿ESTÁ CRECIENDO TU MATRIMONIO?

Lamentablemente, demasiados matrimonios cristianos ya están rotos. Las tasas de divorcio en el ministerio no difieren de las de la población general. Para los pastores, el amor del Gran Mandamiento debe comenzar en el hogar antes de que podamos tener alguna credibilidad en nuestra iglesia o en nuestra comunidad. El daño colateral de los hogares mal administrados es un problema para aquellos que sirven en cualquier papel de liderazgo de la iglesia, no solo los pastores principales.

Puesto que tu familia es donde empieza tu vecindario, es lógico que tu cónyuge sea siempre el principal benefactor del segundo mandamiento de amar al prójimo.

Así que aquí hay una pregunta grande, gorda y aterradora que quiero hacerte: *¿está creciendo tu matrimonio en este momento?* Si no estás seguro, quiero animarte a que se lo preguntes con valentía a tu cónyuge en el momento adecuado, y que luego escuches pacientemente. Luego, ora pidiendo sabiduría sobre cómo reorganizar tus prioridades para que el orden jerárquico de Dios pueda ser restaurado en tu hogar.

De manera indirecta, ya le hemos hecho esa pregunta a tu cónyuge. En 2017, Lifeway Research hizo algunas preguntas a 720 cónyuges de pastores estadounidenses y esto es lo que encontraron:

- 37% no recibe la atención que necesita de su cónyuge porque la iglesia necesita mucho.
- 35% de los cónyuges resienten a menudo las exigencias del ministerio sobre su familia.
- 44% cree que la iglesia espera que las necesidades de su familia sean secundarias con respecto a la iglesia.
- 1 de cada 3 se sienten atrapados en un tira y afloja entre la iglesia y la familia
- 55% está de acuerdo en que es difícil conciliar iglesia y familia
- 31% de los cónyuges planifica tiempo de calidad cada semana.[1]

No te desanimes. En un estudio de 2015 de Lifeway Pastors, el 94% de las esposas de ministros dijeron que están satisfechas o extremadamente satisfechas con su matrimonio, y 9 de cada 10 dijeron que el hecho de que su esposo esté en el ministerio ha afectado positivamente a su familia.

Tampoco te hagas ilusiones. En ese mismo proyecto de investigación, estos pastores predominantemente hombres evaluaron sus matrimonios mucho más alto que sus esposas.

Ojalá pudiera decir que nunca he permitido que mi ministerio se convirtiera en mi amante, o que no sigo luchando con ello hoy en día.

Durante los últimos ocho años he trabajado a tiempo completo como pastor de pastores, actualmente en Guide Stone Financial Resources, que forma parte de la Convención Bautista del Sur. Aunque estoy en la primera línea del ministerio todos los días, no hay nadie que me presione para perseguir a mi cónyuge, aparte de mi socio contable semanal, al que presentaré en el próximo capítulo.

Se necesita intencionalidad y determinación para que Janet reciba lo mejor de mi amor en lugar de lo que queda de mi amor. Si quiero que mi matrimonio ministerial crezca, debo reajustar regularmente mis prioridades. Afortunadamente, nuestro matrimonio nunca ha dejado de crecer debido a la asombrosa gracia tanto de mi Rey como de mi reina, pero predeciblemente algunas temporadas han sido mejores que otras.

DEGRADACIONES

Algunos nuevos matrimonios pasan apuros enseguida después de casarse. A medida que los recién casados asumen con razón su nuevo lugar a la cabeza de la línea de relaciones, algunos padres y hermanos se retraen.

Las madres suelen sentirlo más que los padres porque han estado muy acostumbradas a estar al frente de la línea de relación con sus hijos. La inevitable y bíblica degradación es siempre saludable, pero a veces se topa con resistencia, lo que crea un estrés innecesario para los recién casados.

Sospecho que las bodas occidentales se planearon originalmente con esta degradación en mente. Las bodas parecen ser una especie de campo de entrenamiento para madres. Piénsalo: ¿a quién le toca acompañar a la novia al altar y bailar con ella después? A mamá, no. Tiene que permanecer al margen en silencio.

Papá incluso asume y sigue el guion: «Su madre y yo».

Pastores, observen la cara de las madres cuando soplen las velas de la unidad. Estoy seguro de que ambas madres se estremecen porque acaban de ser degradadas simultáneamente.

Los pastores también necesitan a veces degradar a los miembros de la iglesia para proteger su matrimonio. Algunos miembros pueden robarnos mucho tiempo y mucha de nuestra energía emocional, pero solo si lo permitimos. El personal y los líderes laicos bienintencionados interrumpirán las cenas familiares y las citas nocturnas con mensajes de texto casi urgentes, pero solo si lo permitimos.

Según Peter Scazzero: «Si quieres liderar desde tu matrimonio, entonces debes hacer del matrimonio —no del liderazgo— tu primera ambición, tu primera pasión y tu mensaje evangélico más fuerte».[2]

Nadie quiere hacer saltar por los aires tu matrimonio, así que bájalos de su nube con cariño y paciencia. Devuélveles sus mensajes al día siguiente de tal manera que les motive a seguir tu ejemplo en sus propias relaciones. ¡Las degradaciones y los ascensos pueden ser fantásticas oportunidades de discipulado!

PROMOCIONES

Cuando Simón Pedro escribió sobre el matrimonio, dijo: «Maridos, igualmente, vivid con ellas sabiamente, dando honor a la mujer [...] para que vuestras oraciones no tengan estorbo» (1 Ped. 3:7). En lugar de permitir que el trabajo del ministerio compita con tu matrimonio, permite que lo complemente.

Janet y yo tenemos tres sencillos objetivos matrimoniales que nos han servido durante tres décadas:

- Conectar a diario
- Cita mensual
- Viajes trimestrales

La calidad y la regularidad de esas excursiones han dependido normalmente de nuestra época de la vida. Cuando éramos padres de niños en edad preescolar, estábamos constantemente arruinados y agotados. Esto no nos impedía salir o hacer viajes por carretera. Solo hizo que ambos fueran mucho más difíciles, cortos y baratos.

Una amiga le confió una vez a Janet que ella y su marido estaban planeando su primera escapada sin los hijos en seis años. Todos sus hijos saben conducir, así que, según ellos mismos admitían, hacía tiempo que debían haberlo hecho.

A veces los pastores descuidan a sus esposas porque son *adictos a la iglesia*. Para ser justos, algunas esposas de ministros descuidan a sus maridos porque son adictas a la maternidad o al trabajo. Oí al pastor Robby Gallaty decir a un grupo de pastores:

> Puedes perder tu ministerio y seguir teniendo a tu familia, pero si pierdes a tu familia, pierdes las dos cosas.

Debemos ser intencionales en hacer crecer nuestros matrimonios si queremos que prosperen. **Tu ministerio nunca será más fuerte que tu matrimonio.** Los grandes viajes anuales no compensarán la ausencia de un noviazgo consistente a lo largo del año. He visto a algunas personas tratar de resucitar su matrimonio con regalos lujosos, viajes y la novena promesa de que vas a cambiar. Si dejas de tener citas cuando tienes hijos, puede que al final tengas un matrimonio tan vacío como tu nido. En el matrimonio, o sales con alguien o vas a la deriva.

Si parece que me estoy metiendo con los hombres, tienes razón. Los hombres son llamados por Dios para ser los líderes de nuestros hogares. Si hay un problema en tu familia, tú eres más responsable que nadie. Asúmelo y trabaja duro para convertirte en el esposo y padre piadoso que has sido llamado a ser. Solo recuerda guardar algo de la gracia de Dios que predicas cada semana para ti, porque la necesitaras.

Predicamos el evangelio con mayor claridad por cómo dirigimos nuestros hogares que por cómo dirigimos nuestras iglesias.

Hace más de un siglo, el pastor Charles Spurgeon desafió a los estudiantes de su Pastor's College en Londres sobre la salud matrimonial. Dijo: «Debemos ser maridos tales que todos los maridos de la parroquia puedan serlo con seguridad. ¿Es así? Deberíamos ser los mejores padres. ¡Lástima! Algunos ministros, que yo sepa, están muy lejos de esto, porque en cuanto a sus familias, han guardado las viñas de otros, pero sus propias viñas no las han guardado».[3]

LOS VECINOS DEL PASILLO

Si tienes hijos en casa, son tus vecinos más próximos. Merecen tener prioridad en nuestras vidas, justo después de su madre. Nuestra familia nuclear es nuestro grupo de discipulado más importante, por lo que no debería sorprendernos que sean el centro del pasaje original del Gran Mandamiento. En la primera aplicación del *Shemá* por Moisés en el Deuteronomio 6, dice: «Y las repetirás a tus hijos, hablarás de ellas estando en tu casa, andando por el camino, y al acostarte, y cuando te levantes. Y las atarás como una señal en tu mano, y estarán como frontales entre tus ojos; y las escribirás en los postes de tu casa, y tus puertas» (vv. 7-9).

El discipulado puede darse en cualquier parte, pero siempre debe empezar en casa.

Una mesa libre de tecnología es un buen lugar para empezar a discipular a nuestros hijos. Necesitamos que nuestras familias conversen en lugar de navegar por los medios. La Academia Americana de Pediatría afirma que los niños pasan una media de siete horas diarias frente a una pantalla, y los adolescentes, al menos ocho.

El siguiente nivel de crianza consiste en oraciones antes de dormir y devocionales cuando son pequeños, y conversaciones intencionadas cuando son mayores. Crear y practicar personalmente periodos de tiempo sin tecnología para tu familia les demostrará que los quieres más que a tu ministerio o pasatiempo.

Cuando nuestra hija Holly era muy pequeña, pude fingir la paternidad bastante bien. No parecía importarle que me quedara literalmente dormido en el suelo en medio de una merienda con la Barbie. Cuando se convirtió en preadolescente, pedí consejo a mi mujer sobre cómo podía mantenerme en contacto con Holly a medida que maduraba. El sabio consejo de Janet fue: «Métete en su mundo». Holly es nuestra hija creativa, apasionada de la música, la repostería y el arte. Para mí, el arte estaba descartado, así que me centré sobre todo en conectar con ella a través de la música (conciertos) y la comida (restaurantes). El año pasado, volvimos a esa época asistiendo juntos a un concierto de Toby Mac a los veintiocho y cincuenta y seis años.

Nuestros hijos empiezan la vida siendo el centro de nuestra atención. Con el tiempo, debemos prepararlos para la edad adulta ayudándoles a no ser egocéntricos. Pero, como líderes en nuestros hogares, no podemos usar el ministerio como excusa para ignorar a nuestros hijos.

Cuando se pidió al congresista estadounidense Paul Ryan que ocupara el cargo de presidente de la Cámara de Representantes en 2015, aceptó con la condición de que no viajaría tanto como los anteriores presidentes porque, según dijo, «no puedo ni quiero renunciar a mi tiempo en familia».[4]

Tres años después decidió no presentarse a la reelección para poder pasar más tiempo con su familia, para evitar convertirse en un «padre de fin de semana». Ryan dijo: «Si estoy aquí una legislatura más, mis hijos solo me habrán conocido como padre de fin de semana. No puedo permitir que eso ocurra. Así que estableceré nuevas prioridades en mi vida».[5]

Personalmente creo que Paul Ryan iba camino de ser el candidato presidencial del Partido Republicano cuando valientemente degradó a todo el país en favor de sus hijos.

Como pastores, debemos elegir cómo guiar y amar a nuestro cónyuge y a nuestros hijos. Debemos liderar el camino modelando el discipulado en el hogar.

Cuando Lifeway Research preguntó a cónyuges de ministros sobre sus hijos, esto es lo que dijeron:

- 1 de cada 3 cónyuges afirma que sus hijos están resentidos por las exigencias del ministerio.
- 1 de cada 4 cónyuges afirma que sus hijos a menudo no quieren ir a la iglesia.
- El 38% de los cónyuges cree que las expectativas de su congregación respecto a sus hijos son excesivamente altas.[6]

He oído decir: «Serás pastor para muchos miembros, pero serás el único padre para tus hijos». Los pastores no son los únicos adictos a la iglesia. Los huérfanos y viudas del ministerio abundan en los hogares de misioneros, líderes denominacionales, diáconos, ancianos, maestros y líderes de equipos ministeriales también. Pasa tiempo de calidad con tu familia hoy en lugar de vivir después en el país de los remordimientos. Toma tus vacaciones cada año porque tu iglesia puede prescindir de ti, pero tu familia no.

Como nota positiva, me anima la tendencia a dar prioridad a la familia que he observado entre los pastores y líderes eclesiásticos más jóvenes. Quizás hayan aprendido de los errores de sus predecesores o de sus propios padres.

Un buen ejemplo de ello son «Joe y Karen», que sirven como misioneros en las zonas rurales del sur de Asia. Tuve el privilegio de ser su pastor cuando se conocieron en nuestro ministerio universitario en Arkansas. Poco después de tener a su primer hijo, se enfrentaron a una difícil decisión, que explicaron en esta carta:

> *Durante el último año y medio, hemos llamado «Baytown» a nuestro hogar. Hemos sido los primeros y únicos extranjeros en vivir en esta ciudad. En algunos aspectos, ha sido increíble, y no lo cambiaríamos por nada. En otros aspectos, ha sido el año y medio más duro de nuestras vidas. Aunque no cuestionamos los deseos del Señor de mover aquí los corazones, también sabemos que desea que sus hijos estén en comunidad, algo que no hemos tenido realmente desde que nos mudamos aquí. Este mes nos mudaremos a una ciudad que llamamos la «Ciudad de los Vientos». Lo que esperamos que la Ciudad de los Vientos represente para nosotros no es solo comunidad y salud a largo plazo, sino también una ubicación muy estratégica para impactar a una franja más amplia de los no alcanzados en el área a través de la universidad en esa ciudad. Significará que otros niños extranjeros serán amigos de nuestro pequeño.*

Esta sabia pareja de misioneros decidió hacer cambios difíciles y estratégicos que beneficiaron a su familia. Nuestros hijos no son solo parte de nuestro ministerio, sino que son nuestro ministerio. Los líderes saludables de la Gran Comisión tendrán relaciones saludables de los Grandes Mandamientos, comenzando con su Salvador, su cónyuge y sus hijos.

AMAR A NUESTROS PADRES

Tu época de la vida determinará quién te necesita más. Janet y yo somos nidos vacíos, y nuestros padres nos necesitan más que nuestros hijos adultos en este momento. Pablo escribió a su joven mentor-pastor Timoteo: «Porque si alguien no provee para los suyos, y mayormente para los de su casa, ha negado la fe, y es peor que un incrédulo» (1 Tim. 5:8).

Aproximadamente una semana antes de que mi padre muriera el año pasado, terminó de leer una copia avanzada de este libro y me bendijo con comentarios muy alentadores. Mi padre fue un fiel diácono y maestro de escuela dominical durante más de cincuenta años. Él y mamá practicaron el amor del Gran Mandamiento en casa, en la iglesia y en su comunidad. ¡Qué legado he tenido la bendición de heredar!

Mi hermana, Melissa, está casada con un pastor, y viven cerca de mi madre. La forma en que Melissa y Pete Patterson han cuidado de nuestros padres ha sido una clínica de cómo es 1 Timoteo 5:8. Los padres de Janet viven cerca de nosotros, y estamos deseosos de mostrarles el amor del Gran Mandamiento mientras viven sus noventa años.

AMARNOS A NOSOTROS MISMOS

Quizás la relación más incómoda y pasada por alto del Gran Mandamiento sea la que se encuentra al final del mismo: «Ama a tu prójimo como a ti mismo».

Algunas personas no necesitan ningún estímulo para amarse a sí mismas, pero un amor sano por uno mismo es importante. No es natural ni saludable descuidar los instintos de autoconservación que Dios nos ha dado. La clave está en discernir entre el egocentrismo y el autosacrificio. Nadie gana cuando nos exaltamos a nosotros mismos o nos descuidamos.

> Ten cuidado de ti mismo y de la doctrina; persiste en ello, pues haciendo esto, te salvarás a ti mismo y a los que te oyeren (1 Tim. 4:16).

«Ten cuidado de ti mismo» es un verbo presente, activo, imperativo, que sugiere que tendremos que prestar mucha atención a nuestras vidas mientras tengamos pulso. Otras traducciones dicen: «Ten mucho cuidado de cómo vives» (NVI); «Cuida de ti» (BLP).

Este verbo griego significa literalmente «fijar la atención en; aferrarse a». Aquellos que, como yo, luchan con el trastorno de déficit de atención saben que la lucha por mantener la atención es real. El contexto de este importante versículo es una relación de tutoría entre pastores, así que, por favor, tómate esto personal y seriamente. Además, hay mucho en juego, «porque haciendo esto te salvarás a ti mismo y a tus oyentes».

Según la carta de Pablo a los Efesios, algunos de sus líderes eclesiásticos dejaron sus almas sin vigilancia, hicieron naufragar su fe y sabotearon su ministerio. Por eso, no es de extrañar que sus últimas palabras a los ancianos efesios fueran: «Mirad *por vosotros*, y por todo el rebaño que el Espíritu Santo os ha puesto por obispos» (Hech. 20:28, el énfasis es mío).

Cuidar de sí mismo no es egoísta, es estratégico.

En la jerarquía de las relaciones, Jesús espera que amemos a Dios más de lo que nos amamos a nosotros mismos, y que amemos a nuestro prójimo *como* a nosotros mismos. Amarse a uno mismo solo está reñido con amar a Dios cuando nos ponemos por delante de Él. Vivimos una vida de abnegación en cuanto a nuestro seguimiento del Señor.

Jesús dijo: «Si alguno quiere venir en pos de mí, niéguese a sí mismo, y tome su cruz y sígame. Porque todo el que quiera salvar su vida, la perderá; y todo el que pierda su vida por causa de mí y del evangelio, la salvará» (Mar. 8:34-35).

Quitarse a uno mismo del trono de su vida es un requisito previo tanto para la salvación como para la santificación permanente. Sin embargo, la muerte y la negación de uno mismo no deben confundirse con el olvido de uno mismo o el odio, que es, paradójicamente, un insulto a nuestro Creador.

Lo mismo puede decirse de amarnos a nosotros mismos hasta el punto del egoísmo con otras personas. Observa en el siguiente versículo la ausencia de desinterés por uno mismo en el altruismo genuino:

> No hagan nada por egoísmo o por vanagloria, sino que con actitud humilde cada uno de ustedes considere al otro como más importante que a sí mismo (Fil. 2:3-4, NBLA).

¿Nos está pidiendo Dios que descuidemos *nuestros propios intereses*? Pablo sugiere que la humildad nos motiva a poner a otros en la fila por delante de nosotros, no a sacarnos completamente de la fila. Ten cuidado de no exagerar esa poderosa palabrita: *sino*.

El mayor desafío diario al que me enfrento como líder del Gran Mandamiento es el exceso de compromiso. Solía decir «sí» a casi todas las oportunidades de ministerio que se me presentaban por estas razones:

- Amo a Dios y quiero usar los dones que me dio.
- Amo a Su novia y disfruto ayudando a sus líderes a crecer.
- Necesito que me necesiten y me gusta que me aprecien.

Esto último fue difícil de escribir. Solo puedo culpar a Dios de mi adicción al ministerio. He utilizado la «carta de Dios» más de un par de veces para justificar el agujero que me he cavado.

La mayoría de ustedes están familiarizados con el mantra previo al vuelo de los auxiliares de vuelo: «En caso de que la cabina pierda presión de aire, las máscaras de oxígeno caerán de la zona superior. Por favor, coloque la máscara sobre su propia boca y nariz antes de ayudar a los demás».

Por cierto, no hay secretos ni atajos a la hora de cuidar de sí mismo. Las modas son para los niños. Sin embargo, el cuidar de sí mismo es incómodo y contrario a la intuición de los cuidadores. Naturalmente, queremos ayudar a los demás antes que a nosotros mismos. Pero no somos buenos para los demás si nos desmayamos en el avión… o en la silla de la iglesia. El cuidar de sí mismo puede ser egocéntrico o estratégico, dependiendo de nuestros motivos.

La forma en que cuides hoy de tu familia y de ti mismo determinará en gran medida cómo acabarás más adelante y si lo harás.

PREGUNTAS PARA LA REFLEXIÓN

1. ¿Hay alguien que necesite una degradación en tu vida ahora mismo?

2. ¿Qué puedes hacer para escuchar mejor en casa?

3. Nombra una manera específica de estar detrás de tu cónyuge esta semana.

4. Nombra dos formas concretas de cuidarte mejor.

5. Si eres pastor, ¿quién te pastorea?

CAPÍTULO 10

MI VECINDARIO DE AMISTAD

El explorador británico Henry Worsley murió al intentar ser la primera persona en cruzar la Antártida sin ayuda el 24 de enero de 2016. La CNN llamó a esto «una épica misión de caridad inspirada por el explorador polar Sir Ernest Shackleton».[1] Cien años después de los intentos fallidos de Shackleton por alcanzar el mismo objetivo, Worsley murió trágicamente a solo 48 kilómetros (30 millas) de completarlo él mismo.

Cuando leí la historia, sentí una extraña tristeza por estos dos valientes exploradores británicos que trabajaron tan duro para no alcanzar sus objetivos.

Mi segundo pensamiento fue lo estúpido que era el objetivo en primer lugar. ¿Cruzar la Antártida *sin ayuda* era siquiera un objetivo sensato para Worsley? ¿Era una aventura valiente o una tontería que este exoficial del ejército británico de cincuenta y cinco años recorriera *en solitario* 1469 km (913 millas)durante 71 días a través del Polo Sur?

Los pastores que intentan hacer ministerio solos corren el grave peligro de no llegar a la meta.

Cuando el apóstol Pablo se acercaba a la meta de su vida y de su ministerio, afortunadamente declaró: «He peleado la buena batalla, he acabado la carrera, he guardado la fe» (2 Tim. 4:7). Pablo recorrió unos 16 000 km (10 000 millas) en sus viajes misioneros, pero nunca solo. Esta es la clave para terminar con fuerza, amigos. Conocemos los nombres de los pocos que abandonaron a Pablo, pero también conocemos los nombres de los treinta y tres que nombra al final de Romanos y que le ayudaron a terminar bien.

¿Te identificas más con Henry Worsley o con Pablo de Tarso?

Espero que no veas un buen final en el ministerio como un objetivo difícil de alcanzar reservado a los líderes de élite. Pablo creía que un final exitoso era el resultado de lo que Jesús hizo, no de lo que él [Pablo] hizo: «El que comenzó en vosotros la buena obra, la perfeccionará hasta el día de Jesucristo» (Fil. 1:6).

Mi trayectoria personal de treinta y cinco años en el ministerio habría terminado hace mucho tiempo si no hubiera sido por los innumerables alentadores que han creído en mí cuando quería abandonar. Algunos de ustedes están leyendo este libro y sospechan que estoy hablando de ustedes. Recuerdo a todos los Aarones y Hures que me sostuvieron cuando me cansé. No tengo palabras para agradecérselo. Los grupos de relaciones que he descrito en este libro se han convertido para mí en barandillas contra el aislamiento, la soledad y el fracaso.

Pastor, espero que hagas muchos amigos en el ministerio, pero por favor no te detengas ahí. Busca amistades fuera del ministerio, lo que te llevará a una vida más rica y a un ministerio más saludable. Si no tienes un Bernabé en tu vida, te lo estás perdiendo, o, peor aún, te estás agotando.

AMIGOS DE HOMBRO CON HOMBRO

He formulado estas dos sencillas preguntas a miles de pastores de Norteamérica:

- Fuera de tu familia, ¿quién es tu mejor amigo?
- ¿Cuándo fue la última vez que hablaron?

Hasta hace poco, mi respuesta fácil ha sido Paul Coleman y Craig Miller. Hablé con ambos cada dos semanas durante más de treinta años. Como no podía tener dos padrinos, le pedí a Craig que se pusiera delante de mí para ayudar a realizar el servicio mientras Paul se ponía a mi lado como mi padrino. Durante tres décadas estos dos han sido mis Aarón y Hur.

Paul Coleman ha sido mi mejor amigo y compañero de responsabilidades desde 1982. Nos hicimos íntimos en el instituto y fuimos compañeros de habitación en la universidad. Incluso asistimos al mismo seminario y fuimos padrinos de boda el uno en la boda del otro. Nunca hemos servido en el mismo estado, pero hemos mantenido una llamada semanal para ver cómo estamos el uno del otro durante todos nuestros ministerios. Fue en una de esas llamadas cuando sugirió el título de este libro, *De principio a fin*. ¿No es genial? Siempre ha sido más creativo que yo, por eso tardó dos minutos en proponerme algo que yo llevaba semanas pensando.

Hemos optado por cultivar intencionadamente nuestra amistad durante los últimos cuarenta años, en lugar de dejarla al azar y permitir que se desvanezca gradualmente, como ocurre con la mayoría de las amistades.

Craig Miller y yo nos hicimos muy amigos en la universidad. Él me llevó a mi primer viaje de caza de ciervos y yo lo llevé a él a su primer viaje de misión. Hicimos muchos otros viajes misioneros juntos, incluido el viaje a Bagdad mencionado en la introducción de este libro. El 10 de junio de 2016 hablamos largo y tendido sobre el próximo viaje misionero que haríamos juntos a Tanzania, donde su ministerio de ayuda internacional, Thirst No More, estaba perforando pozos de agua y plantando iglesias. También planeábamos cazar mientras estuviéramos allí, por supuesto.

Dos días después de esa llamada, Craig murió en un extraño accidente en su granja.

Yo estaba deshecho.

Lo cierto es que nunca había perdido a nadie tan cercano ni había experimentado ese nivel de dolor. Mi mayor consuelo fue que nos mantuvimos en contacto hasta el final. Apenas pasaba una semana sin que estuviéramos en contacto y nos diéramos ánimos mutuamente.

He vivido y servido junto a Paul y Craig en el frente de una guerra santa invisible, siempre con la certeza de que nunca tuve que luchar solo. Estas amistades a vida o muerte son raras y solo crecerán si se cultivan.

¿Quién te está ayudando a terminar lo que Dios empezó? ¿Cuándo fue la última vez que hablaste con ellos? Las personas de las que solo oyes hablar cuando estás ganando son tus fans, no tus amigos.

EL MIEDO SANO AL FRACASO

Mi lealtad a Paul y Craig y a un puñado de otros amigos íntimos se basa en una mezcla poco convencional de amor y miedo. En mi primer año de ministerio pastoral, vi cómo los tele evangelistas Jimmy Swaggart y Jim Bakker caían de forma muy pública a causa de fallos morales privados.

Más cerca de casa estaba el ascenso y la caída del pastor Billy Weber de Preston Wood Baptist en Dallas. Como joven pastor, había admirado a Weber y a otros poderosos oradores que eran más grandes que la vida. Irónicamente, el sucesor de Weber, Jack Graham, ha dirigido Prestonwood con integridad durante treinta y cuatro años, y nos unimos a Prestonwood poco después de mudarnos a Dallas.

En esta misma primera temporada de mi ministerio, vi fracasar a otros dos pastores, a los que consideraba hombres personales y héroes del ministerio. Ambos abandonaron sus púlpitos por mala conducta sexual.

A mis impresionables veintidós años y en mi primer pastorado, me quedé congelado por el miedo al fracaso. Recién iniciada mi carrera ministerial, era difícil concebir terminar bien en cuatro o cinco décadas, sobre todo teniendo en cuenta que esos pastores destacados no podían llegar ni a la mitad.

Admito que parte de mi miedo era carnal. Sabía que mis puntos ciegos no eran tan distintos de los de cualquiera de esos hombres. Pero también abracé un miedo sano, que me obligó a pedir a Paul y Craig que se mantuvieran cerca de mí y me hicieran responsable de mi crecimiento personal y mi pureza.

Janet y yo nos guardamos para el matrimonio y tenemos justamente testimonios sin incidentes para un hijo de diácono (yo) y una hija de predicador (ella). Yo quería desesperadamente terminar mi matrimonio y ministerio con la misma integridad con la que empecé. Afortunadamente, Dios me convenció de que una vida de ministerio requeriría más que un esfuerzo en solitario. He tenido la bendición de tener a Paul y Craig discipulándome y animándome, pero sobre todo tengo al Espíritu Santo para darme poder y protegerme a lo largo del camino.

Tú también, amigo, ¡así que anímate! Y mientras lo haces, ora para tener la oportunidad de animar a alguien de la generación que viene detrás de ti, así como de la generación que tienes delante. A la mayoría de nosotros nos vendría bien un poco de diversidad étnica y de edad en nuestro vecindario de amistades.

¿AMISTADES EN LA IGLESIA?

¿Pueden los pastores tener amistades en las iglesias en las que sirven? Cuando me convertí en pastor, la opinión generalizada entre los ministros era que un pastor no debía entablar amistad con los miembros de la iglesia. Era un supuesto aceptado. Se hablaba de ello abiertamente y, en su mayor parte, no se cuestionaba.

Al principio, me creía este razonamiento. A una parte de mí le gustaba la mentalidad de nosotros y ellos porque me hacía sentir superior. Una parte más grande de mí se resentía porque quería ser una parte íntima de la familia de fe que estaba liderando. Tanto si eres pastor como líder laico en tu iglesia, **te insto a que no confundas amistad con favoritismo.** De lo contrario, serás vulnerable a la trampa del aislamiento. Tu iglesia es más que tu trabajo, es tu familia.

Mateo, Marcos y Lucas ofrecen un relato muy similar de la conversación sobre el Gran Mandamiento entre Jesús y el escriba. Sin embargo, el Evangelio de Juan resume los mandamientos en una manera única:

> Un mandamiento nuevo os doy: Que os améis
> unos a otros; como yo os he amado, que también

> os améis unos a otros. En esto conocerán todos que sois mis discípulos, si tuviereis amor los unos con los otros (Juan 13:34-35).

Quizás te preguntes qué hay de nuevo en este *nuevo mandamiento*. Aquí, Jesús amplía la aplicación del segundo Gran Mandamiento para incluir el amor a nuestra familia espiritual. Juan subraya que nuestro amor por nuestros hermanos sagrados es la prueba definitiva de si nuestra fe es auténtica o falsa:

> Si nos amamos unos a otros, Dios permanece en nosotros, y su amor se ha perfeccionado en nosotros… Nosotros le amamos a él, porque él nos amó primero. Si alguno dice: Yo amo a Dios, y aborrece a su hermano, es mentiroso. Pues el que no ama a su hermano a quien ha visto, ¿cómo puede amar a Dios a quien no ha visto? Y nosotros tenemos este mandamiento de él: El que ama a Dios, ame también a su hermano (1 Jn 4:12b, 19-21).

Tu iglesia te necesita, pero tú también los necesitas a ellos. Si aún no tienes un amigo en tu vida, quizás deberías buscarlo en tu propia iglesia. Además, mira más allá de tu iglesia, en la comunidad en la que vives. Amplía tu círculo de amistades para incluir a personas que no se parezcan a ti, que no crean como tú o que no voten como tú.

¿Es arriesgado entablar amistad con los miembros y el personal de la iglesia? Sí. Tengo algunas cicatrices que lo demuestran; pero también recuerdo el dolor de la soledad cuando me he alejado de mi familia eclesial. Los miembros del personal y los líderes de la iglesia son las personas más cercanas a nosotros en la obra del ministerio. Están en las trincheras con nosotros. Es una tontería poner en aprietos a los que bloquean y atajan por ti.

Pastorear pastores de costa a costa para Lifeway, Guide Stone, y Care4Pastors me ha dado la oportunidad de recibir retroalimentación de aquellos que de otra manera nunca hubiera conocido.

Un pastor llamado Bill dio una respuesta a una de mis entradas en el blog de Lifeway que nos da una idea de la típica reticencia que tienen los pastores a la hora de entablar amistad con sus miembros:

> **Bill:** Recuerda que ellos [los miembros] son los que firman tu cheque; y puesto que la amistad requiere vulnerabilidad y transparencia, un pastor debe andar con pies de plomo ahí porque amigo o no, siempre vas a ser el «pastor».
>
> **Mark:** Gracias por leer y responder, Bill. Tienes razón cuando dices que hay que tener cuidado con las amistades de la iglesia. En efecto, tenemos esas capas de dependencia financiera y autoría espiritual, pero lo mismo podría decirse de los que están bajo nuestro techo en casa. Tanto si

> amamos a nuestra familia nuclear como a nuestra familia espiritual, solemos tener varias capas complicadas. Solo tenemos que asegurarnos de que esas capas no son excusas para descuidarnos a nosotros mismos o a ellos.

Debes decidir si tu iglesia es solo tu trabajo o también tu familia extendida. Si estás rodeado de extraños cada domingo, no tienes a nadie a quien culpar salvo a ti mismo. Un buen predicador habla bien, pero un buen pastor escucha bien. Las amistades crecen cuando aprendemos a hacer ambas cosas bien y en igual medida.

TODO MINISTRO NECESITA UN MENTOR

Moisés tuvo a Aarón; Elías tuvo a Eliseo; Zorobabel tuvo a Hageo; Pablo tuvo a Ananías y Bernabé; Timoteo y Tito tuvieron a Pablo; y yo tengo a Tony más un par de pastores jubilados.

El origen del término *mentor* procede de una novela griega. Antes de partir para luchar en la guerra de Troya, el personaje de ficción Odiseo pidió a Mentor que criara a su hijo como si fuera de su propia sangre. Necesitamos tener ese nivel de inversión de discipulado en alguien.

Durante tres décadas, he hecho un esfuerzo intencionado por tener al menos un mentor y un puñado de alumnos en mi vida. Cada una de estas relaciones es de naturaleza recíproca, lo que concuerda con el modelo Bernabé-Pablo-Timoteo transmitido durante dos milenios.

He observado que los pastores y líderes más jóvenes suelen estar deseosos de tener mentores. Esta tendencia es muy alentadora. Creo que los pastores más sanos son los que se rodean de mentores.

MENTORÍA 101

La resiliencia pastoral no es realista ni sostenible sin la ayuda de otros pastores. Entonces, ¿por qué no hay más pastores que reciban este tipo de apoyo de otros pastores? La razón principal, en mi opinión, es que no preguntamos o no sabemos qué buscar.

¿Cómo es una amistad tipo Bernabé? He aquí seis atributos que Bernabé modeló para una tutoría ministerial.

Un Bernabé te apoyará.

Todo pastor y líder ministerial necesita un Bernabé que le diga palabras de aliento y, a veces, lo reprenda. Cuando su sobrino Juan Marcos «se echó para atrás» en su primer viaje misionero, Pablo quiso echarlo definitivamente del equipo. Bernabé optó por orientar a Marcos, que se recuperó y se convirtió en uno de los autores del libro más vendido de la historia. Marcos también se convertiría en un valioso compañero de Pedro y, sí, incluso de Pablo.

Un Bernabé no será egoísta.

En los Hechos leemos acerca de la generosidad de este líder eclesiástico: «Bernabé [...] como tenía una heredad, la vendió y trajo el precio y lo puso a los pies de los apóstoles» (Hech. 4:36-37).

Ya tienes suficiente con los aprovechados que hay en tu mundo. Un Bernabé es el tipo de amigo que pensará que tus necesidades son más importantes que las suyas propias (Fil. 2:3).

Un Bernabé será leal.

Cuando los líderes de la iglesia de Jerusalén enviaron a Bernabé a predicar a Antioquía, se llevó consigo a un arriesgado recién convertido llamado Saulo (también conocido como Pablo). Antes de su conversión, Pablo tenía fama de perseguir a los cristianos, y pocos creían que fuera realmente cristiano. Sin embargo, los apóstoles confiaban en Bernabé, y Bernabé confiaba en Pablo. De lo contrario, Pablo no habría tenido su primera oportunidad ministerial (Hech. 11:22-30).

Un Bernabé será maduro.

Cuando la iglesia de Antioquía empezó a crecer exponencialmente por la conversión de gentiles, los dirigentes de Jerusalén se pusieron un poco nerviosos. Enviaron a Bernabé para comprobarlo: «Porque era varón bueno, y lleno del Espíritu Santo y de fe» (Hech. 11:24).

Todos necesitamos un confidente con quien compartir victorias y derrotas, alguien que nos saque del precipicio del suicidio ministerial cuando estamos al borde de una rabieta.

Un Bernabé será humilde.

Pablo era un buen escritor y orador, pero no había pruebas de que Bernabé hiciera ninguna de las dos cosas. La mayoría de los cristianos no están llamados o dotados para tomar la pluma o el micrófono, por lo que podemos tener la tentación de suponer que nuestros dones son inferiores a los de los que están en el escenario.

En algún momento, «Bernabé y Pablo» se convirtieron en «Pablo y Bernabé», un cambio que el doctor Lucas introduce sutil pero intencionadamente en el libro de los Hechos.

Un Bernabé será audaz.

Bernabé era algo más que un buen tipo. No retrocedió ante Pablo cuando tuvieron un fuerte desacuerdo sobre Juan Marcos (Hech. 15:36-39). Aquellos que nos siguen y estimulan no miran despreocupadamente más allá de nuestras debilidades; caminan por esos desafíos con nosotros.

Algunos lideran mejor desde el escenario, mientras que otros, como Bernabé, lideran mejor desde las sombras. A Bernabé no se le atribuye haber escrito una sola palabra del Nuevo Testamento. Pero a través de su impacto en las vidas del apóstol Pablo y de Juan Marcos y su posterior influencia en otros escritores, es posible decir que Bernabé tuvo un papel significativo en gran parte del Nuevo Testamento. Eso lo convertiría realmente en un «héroe anónimo» del Nuevo Testamento.

Mi principal mentor es Tony Weston, que vela por mi vida como un *hermano mayor*, que es el apodo que le hemos puesto algunos de los que servimos en el equipo. Trabajamos juntos durante nueve años en Conway, Arkansas. Cuando dejó la iglesia para iniciar un ministerio matrimonial, yo ya no era su jefe, así que le pedí que fuera mi mentor formal.

Optamos por acercarnos intencionadamente en lugar de alejarnos poco a poco. Aunque actualmente no vivimos en el mismo estado, trato de llamarlo mensualmente y reunirme con él en persona una o dos veces al año. Si te tomas en serio el pastoreo hasta la meta, busca un mentor que te prepare. Te ayudará si cumple años un poco más que tú y es de tu mismo sexo.

Los pastores necesitan más hijos que los alienten y que se comprometan a ayudar a otros pastores a tener éxito. ¿A quién animas y quién te anima a ti?

CAPÍTULO 11

NUESTRO VECINDARIO GLOBAL

No hace mucho me reuní con un joven exconvicto al que llamaré Steve. La reunión de noventa minutos en una cafetería local no fue un encuentro casual o de conveniencia. A petición de su familia, llevo más de un año asesorando intencionadamente a Steve. Debido a la naturaleza de su delito, solo podemos reunirnos en unos pocos lugares. Pero no me importan los inconvenientes porque me preocupo por él. Al fin y al cabo, Steve es mi prójimo.

Mañana me reuniré con tres pastores por separado, lo cual no es inusual en mí. Me reúno con pastores en gimnasios, cafeterías, restaurantes y otros lugares. Me gusta invertir en los pastores locales porque son importantes para mí y porque son mis vecinos.

Tanto si estás en libertad condicional como si eres pastor, eres un prójimo al que Dios me ha llamado a amar. ¿Quién está en tu vecindario?

El mandamiento original de amar al prójimo se encuentra en Levítico: «No te vengues, ni guardes rencor contra los hijos de tu pueblo, sino amarás a tu prójimo como a ti mismo. Yo soy el Señor» (Lev. 19:18, RVC). Todas las personas con las que nos relacionamos hoy necesitan ayuda. Necesitan el evangelio, o un poco de ánimo. Todos los que Dios pone en nuestro camino son nuestros prójimos.

Levítico 19 es un mini comentario de todos los Diez Mandamientos. Es la única vez que Dios le dice a Moisés que hable directamente a toda la comunidad israelita. En este mensaje, Moisés les muestra cómo vivir su fe en casa, en el trabajo y en sus vecindarios. Les enseña a amar tanto a los pobres como a los ricos, a los jóvenes como a los ancianos, a los ciudadanos como a los inmigrantes.

El mandamiento de amar al prójimo se encuentra en Levítico, que no está ni cerca del *Shemá* (Deuteronomio). Fue elevado a la prominencia por Jesús como el segundo mandamiento más importante de toda la Biblia.

Jesús pretende que nuestro afecto vaya más allá de nuestro amor vertical a Dios para extenderse a un amor horizontal a todas las personas. Tanto los familiares como los extranjeros pueden esperar recibir de nosotros el mismo amor sacrificado y unilateral que recibimos de Dios. Como cristianos, estamos llamados a ayudar a quien lo necesite, independientemente de si puede o quiere correspondernos. Los pastores estamos llamados a movilizar a nuestra gente para servir a un Dios global en el contexto de nuestra comunidad local, donde todos tienen una necesidad universal de amor.

NUESTROS VECINOS MÁS NECESITADOS

Recibí una llamada de atención mientras pastoreaba la Segunda Iglesia Bautista de Conway, Arkansas. Varios de nuestros miembros estaban yendo de puerta en puerta para invitar a la gente a los servicios de Pascua en nuestro campus del centro, así como a la entrega de huevos en helicóptero en nuestro nuevo campus oeste. El campus del centro histórico estaba en una comunidad de viviendas económicamente deprimida. Casi todos los vecinos del centro fueron educados y aceptaron la modesta bolsa de regalos de Pascua que les dimos. Pero mientras salía de uno de sus porches, un pensamiento inquietante invadió mi mente:

No van a venir.

Me di cuenta de la cruda realidad. Nuestros vecinos más necesitados no iban a conducir seis kilómetros (cuatro millas) hasta nuestro otro campus de 202 343 m^2(50 acres) para ver cómo un helicóptero dejaba caer huevos de plástico llenos de caramelos y premios. Dudo que muchos de ellos tuvieran coche.

Miles de alegres padres y niños acudían cada año desde nuestra ciudad para ver este espectáculo de colores pastel. Cada uno de ellos escuchaba el evangelio antes de marcharse. Sin embargo, casi ninguno de los que vivían a la sombra de nuestro campus del centro acudía a ese acto previo a la Pascua o a nuestros cultos dominicales.

Mi burbuja de la Gran Comisión había estallado y mi corazón de Gran Mandamiento estaba roto. ¿Qué clase de vecinos éramos para aquellos que Jesús nos llamó a amar?

Por aquel entonces, llevaba casi una década predicando en el campus del centro de la ciudad. Llevábamos mucho tiempo siendo completamente ineficaces a la hora de llegar a nuestros vecinos más cercanos y necesitados. La iglesia seguía creciendo numéricamente, pero no llegaba a los que vivían en el vecindario en el que Dios la había puesto. Estábamos encubriendo inadvertidamente nuestra ineficacia evangélica principalmente transfiriendo el crecimiento de aquellos que conducían a la comunidad cada domingo por la mañana.

Para colmo de males, nos trasladábamos a un nuevo campus totalmente arbolado que era, literalmente, diez veces más grande que el del centro. Al principio, pusimos a la venta el campus del centro y pensamos utilizar esos fondos para pagar los nuevos edificios. Durante un año, en cada esquina del centro de la ciudad se colocaron carteles de «Se vende».

En nombre de la «mayordomía» estábamos abandonando el vecindario en el que Dios nos había colocado por Su soberanía... hasta que uno de nuestros diáconos me hizo una simple pregunta:

¿Y si no vendemos la iglesia?

Era una pregunta de cuatro millones de dólares formulada por el respetado diácono Dr. Dwight Davis. Dwight era el presidente del Comité Directivo de Reubicación, por lo que sabía muy bien que nuestra iglesia contaba con la venta de ese campus del centro para ayudar a pagar el nuevo.

Intentábamos resolver un problema de espacio, y el nuevo campus iba a resolver ese reto durante años. Además, lindaba con una escuela secundaria y con la Universidad Central de Arkansas Central, la segunda universidad más grande de Arkansas. El nuevo campus nos permitiría crecer en una nueva comunidad con gente nueva.

Pero también dejó atrás a muchos antiguos vecinos que necesitaban el evangelio.

Dwight es farmacéutico, así que al principio sospeché que se había automedicado. O tal vez sabía contar las pastillas mejor que los billetes de dólar. Pensé en decirle a Dwight que se retirara y dejara la visión a los pastores estrella de rock como yo. Pero por la gracia de Dios, lo escuché.

Dwight acababa de regresar de su primer viaje misionero internacional y veía a sus vecinos bajo una luz diferente. Era una luz que necesitaba brillar en mi oscuro corazón. Su nueva perspectiva provenía de haber ocupado un asiento de primera fila en el campo de la misión global. Ahora, Dwight veía a su iglesia local sentada en un campo listo para la cosecha.

Jesús dijo a Sus discípulos: «Alzad vuestros ojos y mirad los campos, porque ya están blancos para la siega» (Juan 4:35). Era una llamada a amar y a comprometerse con la comunidad presente sin evasivas. Si recuerdas el contexto, Jesús nos enseña esto justo después de encontrarse con una samaritana pecadora en un pozo. Incluso sus propios discípulos pensaban que no debía hablar con ella.

Dwight y yo soñamos en voz alta ese día sobre qué tipo de ministerios podrían beneficiar a la comunidad del centro de la ciudad: alimentos, ropa, medicina, odontología y una iglesia urbana. Estaba claro que Dios y un diácono me habían tendido una emboscada. Como hijo de diácono, debería haberlo visto venir. No había vuelta atrás ante la convincente visión de Dwight. Cuando compartimos la idea con toda la familia de nuestra iglesia, inmediatamente les encantó y respondieron con un aplauso espontáneo.

Retiramos del mercado nuestro campus del centro de la ciudad y vimos cómo aumentaban inmediatamente las donaciones. Organizamos una alianza en toda la ciudad y creamos el Conway Ministry Center, que en el momento de escribir estas líneas alberga una docena de ministerios de compasión y dos iglesias multiétnicas.

Jesús enseñó repetidamente a Sus discípulos cómo cuidar de los pobres (Mat. 19:21; Mar. 12:42-43; Luc. 4:18; 6:20; 11:41; 12:33; 14:13). La Palabra de Dios no guarda silencio sobre cómo tratar a los inmigrantes, los presos y las personas de diferentes etnias. Hizo provisión tanto para los pobres como para los residentes extranjeros prohibiendo a los agricultores espigar después de los segadores. La propia antepasada de Jesús, Rut, era una inmigrante que se benefició de que el pueblo de Dios cuidara del forastero y del pobre (Rut 2:1-6).

Dios siempre ha amado a nuestros prójimos más dependientes. Él cuida de los que tienen necesidades económicas, familiares, viudas y huérfanos. También espera que cuidemos de los que nacen con minusvalías físicas o mentales. El Antiguo Testamento enseña: «No maldecirás al sordo, ni pondrás tropiezo delante del ciego, sino que tendrás temor de tu Dios; yo soy el Señor» (Lev. 19:14).

Dios también tiene mucho que decir sobre cómo hacemos negocios con nuestro prójimo. Se espera honestidad tanto del comprador como del vendedor, del jefe y del empleado; porque al fin y al cabo, toda decisión comercial es una decisión espiritual (Prov. 11:1; 16:11; 20:10, 23).

GRAN MANDAMIENTO AMOR

Los pastores del Gran Mandamiento harán algo más que predicar sobre sus prójimos más necesitados. Los amarán personalmente entre domingo y domingo y llevarán a sus iglesias a hacer lo mismo. Los pastores que ven a las personas como interrupciones deberían preocuparse de que su vocación haya sido sustituida por cosas menores. Cuando sea necesario, debemos admitir que estamos viviendo en la parte equivocada de la parábola del Buen Samaritano. Cuando nos encontramos como el sacerdote desdeñoso o el levita, es hora de renovar nuestro amor por el prójimo.

Nuestro corazón por los necesitados revela algo crítico sobre nuestro corazón por Dios y Su llamado a liderar. ¿Estarías dispuesto a llegar tarde a una cita ministerial para ayudar a alguien que Dios deja caer en tu vida? ¿Dejarías que un miembro con mentalidad misionera descarrilara o ralentizara tu proyecto de construcción u otro objetivo ambicioso? Las necesidades de nuestro prójimo no son un problema que haya que aplazar, sino signos de personas que necesitan ser acogidas.

Nuestros vecinos perdidos

Este año Janet y yo nos mudamos a Frisco, Texas, que es la sede de los Dallas Cowboys y la nueva sede de la PGA. Frisco es un lugar divertido para vivir y es la ciudad de más rápido crecimiento de Estados Unidos.[1]

Frisco es también la ciudad con mayor diversidad étnica en la que he vivido. Aunque me gradué en un instituto predominantemente negro (John Tyler) y ejercí de pastor en un vecindario predominantemente hispano del sur de San Antonio, nunca había vivido entre tantos asiáticos hasta ahora. Frisco es 50% blanca, 26% asiática, 11% hispana, 9% negra y 4% de otro origen.[2]

Los indios son predominantemente hindúes y, en general, me ha resultado más difícil conectar con ellos que con la mayoría de mis vecinos blancos, negros o hispanos de vecindarios anteriores. Cuando troto por nuestro vecindario de Frisco dos o tres veces por semana, saludo y sonrío y a veces hablo con nuestros vecinos. No solo estoy orando por sus corazones, sino también por mi propio corazón porque quiero amarlos genuinamente y espero compartir el evangelio con ellos. Mi lucha personal por ser un vecino del Gran Mandamiento/Gran Comisión es muy real y muy importante para mí.

Empezamos este libro centrándonos en ser amigo de Dios, y lo terminaremos centrándonos en ser amigo de los pecadores. Si nuestro primer amor es Jesús, entonces amaremos a los que Él ama.

Jesús se propuso tender puentes a aquellos a quienes otros pasaban por alto o despreciaban. Los pecadores y los marginados sociales parecían ocupar un lugar especial en el corazón de Jesús. Y más que simplemente saber algo sobre ellos, se reunía con ellos con la suficiente regularidad como para ser identificado como su *amigo*.

Nuestra motivación para evangelizar debe estar arraigada en el amor de Dios o nuestro fuego evangelizador se apagará rápidamente. Sabemos lo que Dios ha hecho en nosotros y por nosotros. Por eso sabemos que la mera fuerza de voluntad nunca podrá sostenernos. Pablo dijo: «El amor de Cristo nos apremia» (2 Cor. 5:14, NBLA).

El amor por el Gran Mandamiento se traduce en iniciativas de la Gran Comisión cuando empezamos a orar por las personas que no son salvas o que no van a la iglesia por su nombre. Nuestras oraciones se traducirán en conversaciones evangélicas porque tanto el corazón del evangelista como el corazón de los evangelizados están siendo preparados simultáneamente a través de la oración.

Los miembros de tu iglesia necesitan saber que están evangelizando a los perdidos por muchas razones. La menor de ellas es que la mayoría de los creyentes nunca han compartido el evangelio. El 60% de los cristianos evangélicos admiten que no han hablado de Jesús a alguien que no conocían en los últimos seis meses, y el 57% no lo ha hecho con un amigo o ser querido no cristiano.[3] Sin embargo, los perdidos están a nuestro alrededor.

Solo 1 de cada 2 personas de la generación de mi padre asisten a la iglesia todas las semanas. Solo 1 de cada 3 personas de mi generación X va a la iglesia todas las semanas. Solo 1 de cada 4 personas de la generación de mis hijos asiste a la iglesia todas las semanas. No es una tendencia alentadora. La mayoría de la gente en Estados Unidos dice ser cristiana, pero la mayoría de los que profesan serlo no irán a la iglesia este domingo. ¿Los que no van a la iglesia en nuestra comunidad no están interesados o simplemente no han sido invitados?[4]

Nos hemos convertido en una sociedad posteclesiástica. Los pastores tenemos que dejar de sacudir el puño a los pecadores y empezar a señalarles al Cordero de Dios que quita los pecados del mundo. No estamos llamados solo a lanzar visiones para sistemas evangelísticos e idear eslóganes ingeniosos para la iglesia. Amar a nuestros vecinos perdidos debe ser una prioridad personal, lo que significa que asumiremos la Gran Comisión en nuestros propios vecindarios.

Pastor, ¿puedes nombrar a todos los vecinos que puedes ver desde el porche de tu casa? Si no es así, tienes un buen punto de partida, porque es difícil amar a nuestros vecinos si no sabemos quiénes son.

AMAR A NUESTROS VECINOS DEL MUNDO

Cualquier evangélico estaría de acuerdo en que amar al prójimo significa llegar a todas las naciones con el evangelio, pero ¿alguna vez has intentado hacerte a la idea de cuántos vecinos globales tenemos en realidad? Las Naciones Unidas dicen que aproximadamente en nuestro planeta viven 7500 millones de personas, cifra que aumentará a 11 200 millones en 2100.[5]

¿Debo amarlos a todos o solo a los 330 millones de vecinos de mi natal Estados Unidos? Estados Unidos es cada día más global, con más grupos de personas que cualquier otra nación, excepto China e India. Ambos países tienen unos mil millones más de habitantes cada uno que Estados Unidos, por lo que no es prudente ni bíblico gastar todos nuestros recursos y energías en casa.

Si tu corazón es duro hacia los perdidos y los que sufren, confiésalo como el pecado que es. Pide a Dios que te ayude a dejarte llevar por el amor de Cristo. Si eres como Jonás y huyes de la misión de Dios, detente. Deja que te vuelva a encomendar y renueva tu amor del Gran Mandamiento por tu prójimo local y global.

Dios logró cambiar el duro corazón de Jonás, lo que significa que también hay esperanza para los ministros aletargados, airados y rebeldes como nosotros. Dios también cambió el corazón de los bárbaros ninivitas, lo que significa que hay esperanza para nuestros vecinos más bárbaros. Dios llama a los cristianos a ser misioneros que «vayan» con entusiasmo a donde Él nos envíe.

Los pastores y los líderes suelen ser los movilizadores, pero eso no significa que tú no puedas ser el movilizado. La pereza, la apatía y el racismo no deben tener nada que ver con la forma en que vemos a nuestros vecinos del mundo y a las naciones.

Abraham fue llamado a bendecir a las naciones, al igual que sus descendientes. Era y sigue siendo una tarea difícil para Israel, teniendo en cuenta el vecindario al que Dios lo envió. La Iglesia está formada por los descendientes espirituales de Abraham, que viven bajo la misma llamada a bendecir a las naciones. Desde el principio de la labor de la iglesia, el Espíritu Santo los envió a personas que no se parecían a ellos ni étnica ni culturalmente.

Felipe era diácono y el primer líder del Nuevo Testamento que atravesó el muro de la etnicidad para compartir el evangelio. Pedro acabó siguiendo el ejemplo de Felipe después de que Dios lo visitara en sueños. La carta de Santiago sobre la madurez del cristiano establece un principio que puede llevarnos a hacer lo mismo. Escribió: «Si en verdad cumplís la ley real, conforme a la Escritura: Amarás a tu prójimo como a ti mismo, bien hacéis; pero si hacéis acepción de personas, cometéis pecado, y quedáis convictos por la ley como transgresores» (Sant. 2:8-9).

Considera estas preguntas:

- ¿Tienes amigos que no se parecen a ti ni hablan como tú?
- ¿Tiene amigos que no creen como tú?
- ¿Tiene amigos que no votan como tú?

Tú y yo podemos amar a nuestros vecinos terrenales sin amar a nuestro Padre celestial, pero no puedes amar a nuestro Padre celestial sin amar a nuestros vecinos terrenales.

NUESTROS ODIOSOS VECINOS

A veces, el desvalido espiritual al que estamos llamados a amar intentará mordernos.

Ya sabes de qué hablo. Jesús no solo amplió la demografía de nuestro vecindario para incluir a los extranjeros, sino también a nuestros enemigos.

> Pero yo os digo: Amad a vuestros enemigos, bendecid a los que os maldicen, haced bien a los que os aborrecen, y orad por los que os ultrajan y os persiguen; para que seáis hijos de vuestro Padre que está en los cielos, que hace salir su sol sobre malos y buenos, y que hace llover sobre justos e injustos. Porque si amáis a los que os aman, ¿qué recompensa tendréis? ¿No hacen también lo mismo los publicanos? Y si saludáis a vuestros hermanos solamente, ¿qué hacéis de más? ¿No hacen también así los gentiles? (Mat. 5:43-47).

Se trata de un cambio radical con respecto a la interpretación hebrea convencional del *amor al prójimo*. La nueva norma se oponía a casi todas las normas culturales, y sigue haciéndolo.

Un pastor me habló una vez de un miembro intratable de la iglesia que le había escrito docenas de cartas largas y anónimas. Este crítico consideró oportuno copiar también al resto de los miembros de la iglesia. Decía tener el don de la crítica, lo que a mí me parece más bien una maldición.

No importa en qué iglesia sirvas o qué posición de liderazgo ocupes, en algún momento serás criticado. Serás herido por personas en las que has invertido y a las que has amado profundamente. Le ocurrió a Pablo y te ocurrirá a ti. Puede ser especialmente traumático para los pastores jóvenes, porque es menos probable que tengan la guardia alta cuando alguien los ataca.

Busca primero la reconciliación. Si tu iglesia tiene una larga historia de tratar a sus pastores como piñatas, busca una nueva iglesia. Si eres un líder laico, no tiene que gustarte tu pastor, pero sí tienes que amarlo y respetarlo. Ten cuidado de no hacer pagar a tu pastor actual por algo que hizo tu pastor anterior.

Por el bien del reino, no participes en una disputa continua con tu familia religiosa. No solo perderán los creyentes, sino también los no creyentes. Impide el crecimiento y daña la buena reputación de Cristo. Frente a las personas espinosas, Jesús espera que amemos.

> Un mandamiento nuevo os doy: Que os améis unos a otros; como yo os he amado, que también os améis unos a otros. En esto conocerán todos

> que sois mis discípulos, si tuviereis amor los unos con los otros» (Juan 13:34-35).

El amor es la forma en que el mundo perdido sabe que pertenecemos a Cristo y les habla de Él. El odio, por otro lado, tiene un punto de apoyo en muchos cristianos, lo que está repeliendo a las personas perdidas de nuestras iglesias. La falta de perdón es imperdonable según Jesús: «Si no perdonan a los hombres, tampoco su Padre les perdonará a ustedes sus transgresiones» (Mat. 6:15, NBLA). Es una afirmación sorprendentemente fuerte del Sermón de la Montaña.

En 1 Juan 2 aprendemos que los que odian a sus hermanos y hermanas espirituales son mentirosos que viven en las tinieblas. Una cosa que todos tenemos en común es la necesidad de la gracia de Dios, tanto para nuestro prójimo como para nosotros mismos. No importa quién sea o cómo traten de maltratarte, ámalos. Puede que te rechacen a ti o a la Iglesia. Pueden rechazar trágicamente a Jesús, pero aun así estamos llamados a amar a nuestros enemigos.

UN LÍDER DEL GRAN MANDAMIENTO

¿Has conocido alguna vez a un pastor de la Gran Comisión que no fuera también un pastor del Gran Mandamiento? Yo he conocido a muchos, y es difícil llevarse bien con ellos. A estos líderes orientados a las tareas les encanta presumir de edificios, presupuestos y bautismos. Les encanta hablar de misiones, discipulado y expansión del reino. Todos objetivos loables a menos que se persigan sin el ingrediente esencial del amor.

¿Y viceversa? **¿Has conocido alguna vez a un pastor de los Grandes Mandamientos que no fuera también pastor de la Gran Comisión?** No se me ocurre ninguno. Los pastores del Gran Mandamiento invariablemente llevarán vidas y ministerios de la Gran Comisión porque están obligados por su amor a Dios y a su prójimo.

En el próximo y último capítulo, exploraremos cómo los Grandes Mandamientos y la Gran Comisión se complementan mutuamente en nuestra vida diaria y en nuestros ministerios.

Ya lo has leído antes, pero vuelve a leer la Gran Comisión. Pero esta vez, hazlo pensando en el amor del Gran Mandamiento.

> Por tanto, id, y haced discípulos a todas las naciones, bautizándolos en el nombre del Padre, y del Hijo, y del Espíritu Santo; enseñándoles que guarden todas las cosas que os he mandado; y he aquí yo estoy con vosotros todos los días, hasta el fin del mundo (Mat. 28:19-20).

Si voy por todas con Dios, al final iré por todas con el evangelio. ¿Cómo podemos guardarnos toda esa gracia y ese amor increíbles para nosotros mismos?

Tómate un tiempo ahora mismo para dejar que el Espíritu Santo evalúe tu corazón para el mundo. Prepárate para arriesgarlo todo. Pastorear de principio a fin significa aceptar nuestra misión de amar a nuestro prójimo en cada lugar al que Dios nos envíe. Así que pongamos nuestro «sí» sobre la mesa y dejemos que Dios ponga la tarea delante de nosotros.

CAPÍTULO 12

EVALUAR Y APLICAR

El Mandamiento Más Grande nos ha llamado a volver a tu primer amor con un abandono inquebrantable. Mi oración es que tu amor por Jesús se haya reavivado un poco al leer este libro y permitir que el Espíritu Santo penetre de nuevo en tu corazón.

El segundo mandamiento es también una llamada al amor. Amaremos a quienes Jesús ama, empezando por nuestro prójimo más cercano. No habrías llegado hasta aquí si no estuvieras interesado en aumentar tu amor por Dios y por tu prójimo.

Gracias por invertir tu tiempo en este viaje conmigo. ¡Tu deseo de guiar bien de principio a fin es encomiable! Sería un honor escuchar lo que Dios está haciendo en tu vida y ministerio. Puedes entrar en contacto conmigo en casi todos los canales de medios sociales mediante la búsqueda de @markdance. También me honraría enviarte publicaciones de blog alentadoras cada dos semanas si te suscribes gratuitamente en markdance.net.

Al terminar este libro, quiero proponerte un reto de treinta días que te ayudará a evaluar y mejorar tus relaciones con el Gran Mandamiento y la Gran Comisión.

Una vez que sepas cómo lo estás haciendo, puedes esforzarte por ser más intencional estableciendo metas específicas para tus relaciones. En lugar de pasar al siguiente libro o estudio, detente y pídele a Dios que te muestre cómo aplicar los mandamientos más importantes de las Escrituras a tu vida ahora mismo. Si das este primer paso hoy, entonces no habrás dado lugar a que la apatía se instale en la vida del Gran Mandamiento y el ministerio de la Gran Comisión que aspiras tener.

La siguiente autoevaluación y aplicación son breves, pero muy importantes para llevar el segundo mandamiento a casa.

NUESTRO VECINDARIO FAMILIAR

¿Cómo puedes saber si tu amor por tu familia biológica o nuclear está creciendo? ¿Hay pruebas en tu calendario de que dedicas tiempo a tu familia? Escribe al menos una forma práctica de conectar con cada uno de los miembros de tu familia en los próximos treinta días. Concierta una cita secreta con tu cónyuge en ese plazo de treinta días.

____

____

El que no sabe gobernar su propia casa, ¿cómo cuidará de la iglesia de Dios? (1 Tim. 3:5)

NUESTRO VECINDARIO DE LA AMISTAD

Tal vez el plan más eficaz de Satanás sea el aislamiento. Cuando aísla a sus enemigos, a nosotros, nos volvemos defensivos y egoístas.

A nadie le va bien luchando solo. Pero nos confundimos porque nos encantan los personajes icónicos como James Bond, Rambo y Batman. Los superhéroes se lanzan solos a la batalla y nosotros los aclamamos. Cuando tú y yo vamos solos a la batalla, Satanás es el único que nos aclama. Incluso los superhéroes luchan mejor juntos (por ejemplo, Los Vengadores, La Liga de la Justicia, La Comunidad del Anillo, los Dallas Cowboys (lo siento, me he dejado llevar).

Mi punto es este: cuando nos aislamos, nos debilitamos. Es cuando las tentaciones del poder, la gula, la lujuria y todo tipo de comportamientos adictivos vienen gritando a nosotros.

Otros tres resultados importantes de la encuesta sobre los cónyuges de los pastores son motivo de preocupación:

- 1 de cada 10 cónyuges puede contar mucho con un amigo de la iglesia.
- 7 de cada 10 tienen muy pocos a quienes confiar asuntos importantes.
- 1 de cada 3 pastores se siente aislado.[1]

Puesto que la vida y el ministerio son demasiado duros para hacerlos en solitario, quiero animarte a rechazar la idea de que el ministerio es una condena al confinamiento solitario. Predicamos y enseñamos que los hermanos cristianos necesitan tener una sana comunión. Pero, con demasiada frecuencia, nos distanciamos. Debemos buscar amistades tanto entre otros líderes de la iglesia como entre nuestros vecinos. Si no tienes un amigo íntimo en tu vida, busca primero en tu propia iglesia.

¿Quién es tu mejor amigo y cuándo fue la última vez que hablaron? Escribe a continuación el nombre de tus mejores amigos y una forma de conectar con ellos este mes.

____

____

NUESTRO VECINDARIO GLOBAL

Dios llama a todos sus seguidores a ser misioneros. Tan pronto como Jesús llamó a Sus discípulos a «venir» a Él, les encomendó «ir» y hacer discípulos. Si nuestros miembros no están suficientemente formados ni motivados, no podemos culpar a nadie más que a nosotros mismos.

Según Efesios 4:12, si no estamos equipando a los santos, los estamos capacitando. Pero se necesita más que completar programas. Necesitamos que nuestros corazones cambien para que podamos ayudar a que sus corazones cambien. Es hora de pedirle a Dios que te llene de Su amor por las naciones.

A fin de cuentas, solo podemos llevar a nuestra iglesia a los lugares a los que estamos dispuestos a ir. Si tu amor por tus amigos que no van a la iglesia o no son salvos se ha enfriado, ¿considerarías tomarte el tiempo para reavivar ese fuego? Escribe una manera en la que buscarás una amistad con alguien que no es salvo o que no va a la iglesia este mes.

____

____

¡PERSEVERA!

Mi oración es que este libro haya sido un viaje de gracia para ti. Un viaje de culpabilidad sería un fracaso y solo tendría un impacto temporal en tu vida y ministerio. Así que si sientes convicción, entonces deja que el Espíritu Santo termine su trabajo para que puedas terminar tu carrera con fuerza. Si terminamos bien, será por la misma gracia de Dios por la que empezamos.

Servir como pastor, misionero o líder ministerial es la aventura más alucinante, expansiva y llena de gracia que podamos imaginar. Es increíble que el Rey del universo nos llame a la tarea de guiar a Su pueblo a crecer en Su amor por Él y cumplir Su misión en la tierra. Pero lo ha hecho. Y así lo haremos.

> Con tal que acabe mi carrera con gozo, y el ministerio que recibí del Señor Jesús (Hech.20:24).

Las palabras finales de Pablo al escribir a este mismo equipo ministerial sirven como modelo sagrado de cómo terminar bien en el ministerio:

> Porque yo ya estoy para ser sacrificado, y el tiempo de mi partida está cercano. He peleado la buena batalla, he acabado la carrera, he guardado la fe. Por lo demás, me está guardada la corona de justicia, la cual me dará el Señor, juez justo, en aquel día; y no solo a mí, sino también a todos los que aman su venida (2 Tim. 4:6-8).

NOTAS

Introducción

1. Tom Bowman, «MajorCombat in Iraq Over, Bush Declares», *Baltimore Sun*, 2 de mayo de 2003, https://www.baltimoresun.com/bal-te.bush-02may02-story.html

2. Tim Peters, «10 real reasons pastors quit too soon», *ChurchLeaders*, 6 de abril de 2018, https://churchleaders.com/pastors/pastor-articles/161343-tim_peters_10_common_reasons_pastors_quit_too_soon.html?utm_content=buffer99dde&utm_medium=social&utm_source=facebook.com&utm_campaign=buffer&fbclid=IwAR1l_jRMMzJREgkwxLyKnF-Q89PVsnR7H6fvBXtHkgaThx

3. «Study of Pastor Attrition and Pastoral Ministry», Lifeway Research, consultado el 13 de octubre de 2022, https://research.lifeway.com/pastorprotection/

4. «Few Pastors Left the Pulpit Despite Increased Pressure», Lifeway Research, 25 de octubre de 2021, https://research.lifeway.com/2021/10/25/few-pastors-left-the-pulpit-despite-increased-pressure/

Capítulo 1: Lo principal

1. El origen de este dicho es Stephen Covey, autor de *Los 7 hábitos de la gente altamente efectiva.*

2. Bill Bright, *First Love: Renewing Your Passion for God* (Union City, CA: New Life Publications: 2002), 19.

3. David Ferguson, *The Great Commandment Principle* (1998; rev. ed., Cedar Park, TX: Relationship Press: 2013), 9.

Capítulo 2: Un amor 4D

1. Véase un.org.

Capítulo 3: Con todo mi corazón

1. Brian Croft y Jim Savastio, *The Pastor's Soul: The Call and Care of an Undershepherd* (County Durham, ReinoUnido: Evangelical Press: 2018).

2. David Kinnaman y Gabe Lyons, *Good Faith: Being a Christian When Society Thinks You're Irrelevant and Extreme* (Grand Rapids: Baker, 2016).

3. «Letter to My Younger Self», *The Players' Tribune,* 1 de noviembre de 2016, https://www.theplayerstribune.com/articles/ray-allen-letter-to-my-younger-self

Capítulo 4: Con toda mi alma

1. Lindsey Bever, «Woman Wakes Up in Morgue. The "Lazarus Phenomenon" Surfaces More Than You Think», *Washington Post,* 17 de noviembre de 2014, https://www.washingtonpost.com/news/morning-mix/wp/2014/11/17/woman-wakes-up-in-morgue-the-lazarus-phenomenon-surfaces-more-than-you-think/

2. John Ortberg, *Soul Keeping: Caring for the Most Important Part of You* (Grand Rapids: Zondervan, 2014), 164.

3. Dave Johnson en«Leader's Insight: The High Price of Dying (to Self)», *Christianity Today*, primavera de 2007, https://www.christianitytoday.com/pastors/2007/april-online-only/cln70416.html

4. Jane G. Goldberg, «Psychoanalysis: A Treatment of the Soul», *Huffington Post*, 26 de agosto de 2011, https://www.huffpost.com/entry/psicoanálisis-freud-historia_b_904139

Capítulo 5: Con toda mi mente

1. Matt Bloom, *Flourishing in Ministry: How to Cultivate Clergy Wellbeing* (Lanham, MD: Rowman & Littlefield, 2019), 7.

2. Aaron Earls, «Pastors Have Congregational and, for Some, Personal Experience with Mental Illness», Lifeway Research, 2 de agosto de 2022, https://research.lifeway.com/2022/08/02/pastors-have-congregational-and-for-some-personal-experience-with-mental-illness/

3. Scott Barkley, «GuideStone Expands Focus on Helping Pastors Start Well, Finish Better», Kentucky Today, 23 de julio de 2022, https://www.kentuckytoday.com/baptist_life/guidestone-expands-focus-on-helping-pastors-start-well-finish-better/article_17811cd6-0a8a-11ed-8c0d-3b5dbae94bbc.html

4. «Pastor Protection Research Survey», marzo de 2015, https://research.lifeway.com/wp-content/uploads/2015/08/Pastor-Protection-Quantitative-Report-Final.pdf

5. «Study of Acute Mental Illness and Christian Faith», mayo de 2014, http://research.lifeway.com/wp-content/uploads/2014/09/Acute-Mental-Illness-and-Christian-Faith-Research-Report-1.pdf

6. Paul David Tripp, *Dangerous Calling: Confronting the Unique Challenges of Pastoral Ministry* (Wheaton, IL: Crossway, 2012), 21.

Capítulo 6: Con todas mis fuerzas

1. Elisabeth Elliot, ed., *Journals of Jim Elliot* (1978; repr., Grand Rapids: Revell, 2002), 174.

2. Chuck Norris, *Against All Odds: My Story* (Nashville: B&H Publishing Group, 2004), 245.

3. «Overweight and Obesity Statistics», National Institute of Diabetes and Digestive and Kidney Diseases, revisado por última vez en septiembre de 2021, https:// www.niddk.nih.gov/health-information/health-statistics /overweight-obesity; https://www.cdc.gov/obesity/data/adult.html

4. «Assessing Your Weight and Health Risk», National Heart, Lung, and Bloo Institute, consultado el 14 de octubre de 2022, https://www.nhlbi.nih .gov/health/educational/lose_wt/risk.htm

5. «Top 10 Things to Know about the Second Edition of the Physical Activity Guidelines for Americans», Health.gov, consultado el 14 de octubre de 2022, https://health.gov/our-work/nutrition-physical-activity /physical-activity-guidelines/current-guidelines/top-10-things-know

6. David Frost, *Billy Graham: Candid Conversations with a Public Man* (Colorado Springs: David C Cook, 2014), 181.

7. «Why We Don't Take Vacation», *Time*, 11 de julio de 2016, https:// time.com/4389139/por-que-no-tomamos-vacaciones/

8. *Christian Counseling Today*, vol. 10, no. 3, 2002.

Capítulo 7: Evaluar y aplicar

1. El término *efecto halo* (también conocido como«error halo») se introdujo por primera vez en los círculos de investigación psicológica en 1920 en un artículo de Edward Thorndike titulado *A Constant Error in Psychological Ratings*.

Capítulo 8: ¿Quién es mi prójimo?

1. Cara Buckley, «Man Is Rescued by Stranger on Subway Tracks». *New York Times*, 3 de enero de 2007, https://www.nytimes.com/2007/01/03/nyregion/03life.html

2. Kathryn Spink, *Madre Teresa: An Authorized Biography* (Nueva York: HarperOne, 2011).

Capítulo 9: Mi vecindario familiar

1. «Pastor Spouse Research Study», agosto de 2017, http://research.lifeway.com/wp-content/uploads/2017/09/Pastor-Spouse-Research-Report-Sept-2017.pdf

2. Peter Scazzero, *The Emotional Healthy Leader: How Transforming Your Inner Life Will Deeply Transform Your Church, Team, and the World* (Grand Rapids: Zondervan, 2015), 92.

3. Sermón de Charles H. Spurgeon, «The Heavenly Race», capilla de New Park Street, 11 de junio de 1858, www.spurgeon.org/resource-library/sermons/the-heavenly-race#flipbook/

4. Charlotte Alter, «Paul Ryan's Demand for Time with Family Prompts Hypocrisy Charges», *Time*, 21 de octubre de 2015, https://time.com/4081956/paul-ryan-house-speaker-race-republicans-congress-family-leave/

5. Shana Lebowitz, «Paul Ryan Says He's Retiring to Stop Being a "Weekend Dad"», BuinessInsider.com, 11 de abril de 2018, https://www.businessinsider.com/paul-ryan-retiring-to-spend-time-with-family-2018-4

6. «Lifeway Research 2017 Survey of American Pastor's Spouses», Lifeway Research, consultado el 17 de octubre de 2022, http://research.lifeway.com/wp-content/uploads/2017/09/Pastor-Spouse-Quantitative-Long-Report-2017.pdf

Capítulo 10: Mi vecindario de la amistad

1. Sheena McKenzie, «British Explorer Henry Worsley Dies Crossing Antarctic 30 miles Short og Goal», CNN, 25 de enero de 2016, https://www.cnn.com/2016/01/25/world/henry-worsley-explorer-dies-antarctic

Capítulo 11: Nuestro vecindario global

1. Than Merrill, «Top 10 Fastest Growing Cities in the US», actualizado al 2022, https://www.fortunebuilders.com/fastest-growing-cities-in-the-us/

2. «Frisco at a Glance 2021», Frisco, consultado el 18 de octubre de 2022, https:// www.friscotexas.gov/DocumentCenter/View/4900/2021_At-A-Glance-PDF?bidId=

3. «Christians Say They Are Seeking but They Aren't Having Evangelistic Conversations», Lifeway Research, 24 de mayo de 2022, https://research.lifeway.com/2022/05/24/christians-say-theyre-seeking-but-not-having-evangelistic-conversations/

4. «The State of the Church 2016», Barna, 15 de septiembre de 2016, https://www.barna.com/research/state-church-2016/

5. «World Population Projected to Reach 9.8 Billion in 2050, and 11.2 Billion in 2100», NacionesUnidas, consultado el 18 de octubre de 2022, https://www.un.org/en/desa/world-population-projected-reach-98-billion-2050-and-112-billion-2100#:~:text=COVID%2D19-,World%20population%20 projected%20to%20reach%209.8%20billion%20in%202050%2C%20and,Nations%20report%20being%20launched%20today

Capítulo 12: Evaluar y aplicar

1. Bob Smietana, «Pastor's Spouses Experience Mixed Blessings», Lifeway Research, 12 de septiembre de 2017, https://research.lifeway.com/2017/09/12/pastors-spouses-experience-mixed-blessings/